Hallo Universum,
hier bin ich ...

D1666109

MEGGI ERWIG

Hallo Universum,
hier bin ich ...

vom Existenzkampf ...

retour in die Glückseligkeit

Bibliographische Informationen der Deutschen Nationalbibliothek:

Die Deutsche Nationalbibliothekverzeichnet diese Publikation in der Deutschen Nationalbibliografie; detaillierte bibliografische Daten sind im Internet über http:/ /dnb.d-nb.de abrufbar.

© 2017 Meggi Erwig

Autorin: Diplom-Sozialpädagogin Meggi Erwig

Herstellung und Verlag: BoD – Books on Demand, Norderstedt

ISBN: 978-3-7460-0910-0

Inhalt

»Der intuitive Geist ist ein heiliges Geschenk und der rationale Verstand ein treuer Diener. Wir haben eine Gesellschaft erschaffen, die den Diener ehrt und das Geschenk vergessen hat.«

Albert Einstein
(1879–1955)

Dem Ego wird es weder mit Verstand, noch Vernunft gelingen, alles SEIN im Universum als Einheit zu erkennen, geschweige denn, die Einheit zu begreifen.

Aber das Herz weist den Weg zur überströmenden Liebe, Glückseligkeit und Vollkommenheit.

Widmung

Dieses Buch widme ich allen Menschen, die zwischen Zweifeln und Glauben die Urkraft ihrer Seele spüren und nach Antworten suchen.

Wir Menschen sollten lernen, in unserer dreidimensionalen körperlichen Welt die uns zur Verfügung stehenden Werkzeuge, Gedanken, Verstand und Emotionen korrekt einzusetzen.

Dieses physische Studium mag uns vielleicht zu materiellem Reichtum, körperlicher Gesundheit und seelischem Wohlbefinden führen, doch die wachsende Verbindung zum universellen Geist transformiert uns zu einer unendliche Liebe.

Wir werden ankommen, sobald wir begreifen, dass alles aus Liebe geschieht.

Meggi Erwig

»Die Welt gehört dem, der in ihr mit Heiterkeit und nach hohen Zielen wandert.«

Emerson
(1803–1882)

Vorwort

Bevor ich zu schreiben beginne, möchte ich mich aus tiefstem Herzen bedanken. Allein die Tatsache, in dieser Welt dabei sein zu dürfen, beweist mir, vom universellen Geist gewollt und angenommen zu sein. Dieses intensive Gefühl der Dankbarkeit möchte ich allen Zeitgenossen weitergeben.

Vielleicht ist es für Sie völlig normal, morgens ihr Geld einzustecken, zum Bäcker zu fahren, um dort ihre Brötchen zu kaufen. Die Verkäuferin packt sie Ihnen ein, rechnet ab, und Sie sagen vielleicht »danke«.

Spüren Sie wirklich den Dank? Spüren Sie den Dank dafür, dass ein Mensch für Sie gesät und geerntet hat, dass ein Mensch für Sie das Korn gemahlen hat, dass ein Mensch für Sie das Mehl zu Brötchen verarbeitet hat, dass ein Mensch die Brötchen für Sie in Ihre Nähe transportiert hat und dass die nette Verkäuferin vor Ihnen sich die Zeit nimmt, um Ihnen die Brötchen zu verkaufen? Rechnen Sie mal die Arbeitsleistung zusammen, die Sie für die Münzen oder Scheine, die Sie geben, erhalten.

Wenn Sie an innerem Reichtum gewinnen möchten, der sich im Äußeren zeigen soll, lernen Sie großzügig zu werden. Verschwenden Sie Ihren inneren Reichtum an Anerkennung und Liebe. Das ist das Gesetz des Gebens und Nehmens.

Vielleicht denken Sie, jeder Landwirt, Bäcker, Verkäufer hätten es für sich selber getan, um Geld zu verdienen. Das mag so sein. Da beginnt die Wechselwirkung im Geben und Nehmen. Ein Bäcker, der nicht dankbar für seine Kunden ist, wird bald keine Kunden mehr haben. Und Kunden, die nicht dankbar für all die Leistungen sind, die sie erhalten, werden bald kaum noch das Geld haben, um kaufen zu können.

Wenn Sie Ihr Leben verändern möchten, beginnen Sie, dankbar zu sein, denn nichts, was Sie umgibt, ist selbstverständlich. Wenn Sie ein tiefes Gefühl der *Dankbarkeit* entwickeln, wird sich Ihr Leben auf wirklich magische Weise verändern.

Natürlich weiß ich aus eigener Erfahrung, wie schnell man über das Thema Dankbarkeit hinwegschaut. Jahrelang habe ich nichts anderes getan, als das Leben, mein Heim, meine Familie, mein Geld für selbstverständlich zu halten. Dass man sich natürlich regelmäßig für dieses oder jenes bedankt, wusste ich allein durch meine – gute – Kinderstube.

Entsprechend habe ich mich auch stets für alles und jedes bedankt. Nur empfunden, wirklich empfunden habe ich Dankbarkeit so gut wie nie. Wissen Sie, wie sich tief empfundene Dankbarkeit anfühlt? Wie Liebe. Wirkliche Dankbarkeit ist so stark, dass Sie gar nichts anderes beginnen können, als zuvor dankbar zu sein für alles, was Sie beginnen.

Tausendmal habe ich überlegt, meine Danksagungen an den Schluss des Buches zu stellen. Aber mein Herz hat sich geweigert. Ich konnte nicht zu schreiben beginnen, ohne zuvor meine tief empfundene Dankbarkeit auszudrücken gegenüber all jenen lieben Menschen, die mich durch mein Leben begleitet haben.

Meine heutige Sichtweise auf das Leben ist eine Faszination, die unbeschreiblich ist. Denn diese tief empfundene Liebe zum Leben, die ich erfahren durfte, wünsche ich allen Menschen. Aus diesem Grunde schreibe ich und teile einige Episoden meines Lebens mit Ihnen als Beispiel, wie verwirrend unser dreidimensionales Leben sein kann. Würden wir Menschen mit dem Universellen im Einklang leben, könnten wir alles haben, was wir begehren. Dennoch verschließen wir uns der leitenden Kraft immer wieder.

Wenn wir begreifen, dass wir nicht das egozentrische Ich sind, welches wir spüren, sondern Werkzeug einer unendlichen Macht, erfüllt sich das Leben mit unendlicher Liebe, Vertrauen und Zuversicht. Wir dürfen wirklich alles haben, was wir uns wünschen. Warum begreifen wir das einfach nicht und kämpfen ständig gegen das Universelle an?

Begleiten Sie mich durch einige Stationen und Erkenntnisse meines Lebens. Vielleicht kann mein Weg eine von vielen Inspirationen für Sie sein, mit dem Universellen in absolute Harmonie zu kommen, um ihm jeden Morgen freudestrahlend zuzurufen: »Hallo, Universum, hier bin ich!«

Essenz:

1. Danke ist nicht nur ein Wort. Dankbarkeit ist ein Gefühl der Liebe

2. Es ist nicht selbstverständlich, in dieser Welt dabei sein zu dürfen.

3. Dankbarkeit für das, was bereits vorhanden ist, ist der Wegbereiter zum ultimativen Glück.

4. Das dreidimensionale Leben ist verwirrend und erfordert Aufmerksamkeit.

5. Im Schatten des Konsums verliert sich der Blick für das Wesentliche im Geben und Nehmen.

6. Anerkennung und Dankbarkeit großzügig zu verschenken, ist der sicherste Weg zu innerem und äußerem Reichtum.

7. Im Einklang mit der universellen Kraft erhalten wir alles, was wir uns wünschen.

8. Menschen sind die Werkzeuge einer großen, universellen, schöpferisch-liebevollen Macht.

Kernaussage

Wahrhafte Dankbarkeit ist ein tiefgründiges Glücksempfinden, in dieser Welt dabei sein zu dürfen. Die Erkenntnis, das Geben und Nehmen in gegenseitiger Anerkennung die Seelen zu einem Ganzen verbindet, bildet die Basis. Aus diesem »Geben und Nehmen« erwächst eine vertrauensbildende Verbundenheit zwischen dem individuellen Menschen mit dem universellen Schöpfergeist.

»Nur freie Menschen sind einander wahrhaft dankbar.«
Spinoza (1632–1677)

Danke

Aus vorgenannten Gründen sage ich Ihnen, lieber Leser, liebe Leserin, meinen tief empfundenen Dank, weil Sie diesem Buch eine Chance geben, Sie zu inspirieren.

Danke sage ich meiner Mutter Mathilde, die mich nicht nur geboren, sondern ein langes Leben liebevoll begleitet hat. Ihre Liebe, aber auch ihre Sorgen und Ängste waren für mich die größte Herausforderung und das größte Studium meines Lebens. Besonderen Respekt zolle ich ihr für ihren Mut, sich dem Leben zu stellen – bis ins höchste Alter.

Danke sage ich meinem Vater August, der mir in seinem kurzen Leben immer ein guter Freund, Kumpel, Vertrauter und liebender Vater war. Sein Humor, seine Liebe zum Leben, sein Singen, sein Spaß und die freie Zeit mit ihm waren für mein Bewusstsein prägend. Sein größtes Geschenk und Erbe an mich, war der Blick für die Schönheit der Welt und die Freude, in ihr leben zu dürfen.

Danke sage ich meinem Bruder Arnold, der mir während unserer Kindheit durch sein Beispiel schon früh gezeigt hat, welche Hürden ich im Leben zu meistern haben werde. Danke sage ich auch für seine brüderliche Liebe, die er für mich empfunden und in Zeiten der Not bewiesen hat.

Danke sage ich Wolfgang, der mich, so glaube ich, aus Liebe geheiratet hat und mit dem mich vier wundervolle Kinder verbinden, auf die wir beide stolz sein können. Auch wenn sich unsere Wege trennten, war die gemeinsame Zeit für jeden von uns wichtig.

Danke sage ich meiner erstgeborenen Tochter Julia, die mir mit ihrer sensiblen Art liebevoll gezeigt hat, wie gut sich Kinder schon im jüngsten Alter selbst erkennen. Ihre wundervolle Fähigkeit, die Welt ebenso emotional wie absolut sachlich zu analysieren, erstaunt mich jedes Mal aufs Neue.

Danke sage ich meinem zweitgeborenen Kind, meinem ersten Sohn Tobias, der mich mit seiner tiefen Liebe und Ehrlichkeit immer wieder erstaunte und der mein Leben auf seine ganz besondere Art bereichert hat. Sein Lebensmut erinnert mich an die Kraft, die jeder in sich spüren sollte.

Danke sage ich meinem drittgeborenen Kind, meiner Tochter Veronika, die mit ihrem ganzen Wesen und unserem gemeinsamen Erbe – dem Humor – jeden Tag lebendig werden lässt. Ihre spirituelle Kraft schenkt mir viel Zuversicht für ein Wachstum in unserer Familie.

Danke sage ich meinem viertgeborenen Kind, meinem Sohn Dominik, der mich mit seiner tiefen Liebe, seinem klaren Verstand und seiner Hingabe an die familiäre Verbundenheit oft stützt und aufrechterhält. Sein Bestreben auf dem Weg zur Wahrheit lässt mich Gottes Nähe erkennen.

Danke sage ich meinen Enkeln Jonas, Sara-Jolie und Noah, dass sie als Hoffnungsträger für die Zukunft mit Humor, Liebe und klugem Denkvermögen angetreten sind, die geistig-seelische Entwicklung dieser Welt zu unterstützen.

Danke sage ich Manfred, unserem besten Freund, der mir und meiner Familie tief verbunden ist. Sein Vertrauen, seine Hilfe sind unbeschreibliche Stützen in schwersten Zeiten gewesen und ich bin dankbar, diesen wertvollen Menschen Freund nennen zu dürfen.

Danke sage ich meiner Freundin Andrea, die schon viele Jahre die interessantesten Debatten mit mir durchgefochten hat. Gemeinsam auf einem gleichen Weg zu sein, ist nicht nur schön, sondern verbindend.

Danke sage ich Frau Clara W., die mir seit vielen Jahren beratend zur Seite steht. Ihre Freundlichkeit, sowie Ihre umsichtigen, fachlichen und menschlichen Kompetenzen, weiß ich sehr zu schätzen.

I. Hinweise zum Thema »Glauben« und dem religiösen Begriff »Gott«

Es mag sein, dass Ihnen einige meiner nachfolgenden Ausführungen recht suspekt vorkommen, denn mein Weltbild hatte sich im Laufe der Jahre stark verändert. Von dem (Kinder-)Glauben einer mir innewohnenden Seele gelangte ich zu der Überzeugung, ein geistiges Wesen zu sein, dessen Spiegelbild sich verselbstständigt hatte. Und erst mit diesem Werdegang begriff ich, warum wir alles haben dürfen, was wir uns in unserem tiefsten Inneren wünschen. Ich erwarte nicht, dass es Ihnen leichtfällt, von sich zu glauben, ein geistiges Wesen zu sein, dem ein Körper zur Verfügung steht. Noch viel weniger würde ich derzeit den Glauben von Ihnen verlangen, dass jeder Mensch Werkzeug eines universellen Geistes ist. Damit wäre unsere gefühlte Personalität aufgehoben.

Aber ich biete Ihnen an, meinen Weg zu absolutem Glück und Wohlergehen zu verfolgen. Das Leben zu genießen, es zu lieben, ist das höchste Glücksgefühl, das ich jemals erlebt habe. Alle Türen stehen Ihnen offen, wenn Sie diesen Zustand erreichen. Sie spüren in dem Moment die unendlich große Verbundenheit mit dem universellen Geist. Und Sie werden von einer Dankbarkeit erfüllt, die Ihnen die Augen für unsere faszinierende Welt öffnet. Laut Markus 11,24 (Bibel) hat Jesus von Nazaret bereits vor mehr als 2.000 Jahren gesagt:

»Amen, das sage ich euch: Wenn jemand zu diesem Berg sagt: Heb dich empor und stürz dich ins Meer, und wenn er in seinem Her-

zen <u>nicht zweifelt, sondern glaubt,</u> dass geschieht, was er sagt, dann wird es geschehen. Darum sage ich euch: Alles, worum ihr betet und bittet – glaubt nur, <u>dass ihr es schon erhalten habt,</u> dann wird es euch zuteil.«

Diese große Lehre und Lebensweisheit, die einige Naturwissenschaftler ebenfalls, mit anderen Worten, propagieren, hätten viele Generationen von Menschen bereits nutzen können. Doch wir sind von unserer dreidimensionalen Welt und unserem Ego-gesteuerten ICH derart überzeugt, dass wir glauben, alles besser zu wissen. Wir verwechseln die Zivilisation, die Sozialisation, das kognitive Denken und unsere eingeschränkten menschlichen Vorstellungen mit den Idealen des universellen Geistes. Dass wir uns durch unsere Vorstellungen vom universellen Geist immer mehr entfernen, scheint uns nicht in den Sinn zu kommen. Im Gegenteil ist unser »vernünftig-erwachsenes« Weltbild derart festgefahren, dass wir unseren Kindern ihre angeborene geistige Macht nehmen, um sie unserer dreidimensionalen, klein-geistigen physischen Welt anzupassen. Wie ist es möglich, dass sich der Mensch vom universellen Schöpfergeist so weit entfernt hat.

Um diese Frage beantworten zu können, werden wir uns in den nächsten Kapiteln mit einigen Themen beschäftigen, die in meinem Leben von Bedeutung waren. Erst als ich verstanden hatte, wie sehr unsere Emotionen durch das Denken beeinflusst werden und dass Verstand und Vernunft ihre ursprünglichen Aufgaben verleugnen, wurde es mir möglich, mein Leben nach meinen Wünschen auszurichten. Emotionen, Gefühle und Gedanken, die ich gerne als eine Art »Navigation« beschreibe, stiften inzwischen reichlich Verwirrung. Der Mensch hat unabhängig der universellen Vorstellung durch verschiedene Sozialisationen und Konditionierungen begonnen, ein Eigenleben zu entwickeln. Dadurch begründet sich, warum Emotionen, Wahrnehmung, Denken und Glauben ihren eigentlichen Nutzwert verloren haben. Bevor wir jedoch all diese Themen beispielhaft durch Episoden meines Lebens zu erhellen versuchen, möchte ich zu dem Thema »Glauben« folgendes klären:

Beim Glauben handelt es sich zum einen um die persönlichen Überzeugungen, auf die wir später noch zu sprechen kommen. Zum anderen dreht es sich um die Fragen nach einer religiösen Einstellung. Besonders die letztgenannte Bedeutung bietet eine gewisse Brisanz, und ich möchte dem Komplex zwei mögliche Zündstoffe entziehen.

Nummer eins betrifft die Tatsache, dass die verschiedenen Religionen sich argwöhnisch mit der Frage beäugen, wer die »*richtige*« Religion vertrete. Zündstoff Nummer zwei wendet sich an meinen persönlichen Umgang mit dem Begriff »*Gott*«.

Zu der ersten Frage, welche Religion die richtige sei, möchte ich auf folgendes aufmerksam machen:

Unsere Vorfahren versuchten unter großen Mühen, als Einzelperson oder Kollektiv im Einklang mit der Natur und dem unbeschreiblich Göttlichen zu leben. Viele Menschen studierten die Mythen jahrtausendalter Kulturen, um die Weisheiten der Nachwelt zu erhalten, zu übersetzen und zu lehren. Heute wird

Afrika als Wiege der Menschheit, China als Wiege der Weisheit und Ägypten als Wiege der Zivilisation bezeichnet. Die fünf großen, bekannten Weltreligionen Christentum, Islam, Hinduismus, Buddhismus und Judentum haben viele alte Überlieferungen, nach sorgfältiger Prüfung aller Vorzeichen, in ihren Schriften niedergelegt und gelehrt. Ob die Lehren immer exakt weitergegeben werden konnten, wie sie im Ursprung gemeint waren oder ob sie über Generationen korrekt ausgelegt wurden, ist ein anderes Thema. Aber ohne diese Überlieferungen könnten wir heute auf nichts zurückgreifen. Sicherlich hat die Historie oft bewiesen, dass die unterschiedlichen religiösen Überzeugungen zu Kriegen und Machtkämpfen führten. Wie fragwürdig die Mittel und Wege dabei waren, sei dahingestellt.

Freuen Sie sich in Dankbarkeit, dass Sie über diese vielen Erfahrungen und Erkenntnisse aus der Historie verfügen, ohne diese selber durchleben zu müssen. Versuchen Sie die verschiedenen Handlungs- und Auslegungsmotivationen aus der Vogelperspektive zu verstehen. Damit dürften Sie in der Lage sein, die jeweiligen, sozialisationsbedingten Denk- und Auslegungsweisen lang vergangener Zeiten *urteilsfrei* zu erkennen. Es geht dabei auf keinen Fall um das »Warum« bestimmte Textpassagen auf die eine oder andere Art ausgelegt worden sind, sondern nur um deren überlieferten Inhalt.

Kommunikationsprobleme sind auch in heutiger Zeit nicht unbekannt, denn schon die Doppeldeutigkeit einiger Worte erschwert das Verstehen. (Fliege, Birne, Schlange usw.) Ist es nicht grundsätzlich schwer, Texte, die einem bestimmten (möglicherweise unbekannten) Kontext entnommen wurden, korrekt zu deuten? Viele Sachverständige setzen sich heute mit der Bibel (Jesus), dem Koran (Mohammed) und der Thora (Moses) auseinander, um die Überlieferungen urteilsfrei von der eigenen Sozialisation zu verstehen. Insofern möchte ich davon ausgehen, dass es weder eine richtige, noch falsche Glaubens-Religion gibt. Die Auslegungen vieler Überlieferungen bleibt letztendlich dem Individuum vorbehalten. Denn auf der Suche nach dem persönlichen Lebensglück kann nur das persönliche Verstehen, Erkennen und Begreifen von Bedeutungen sein.

Zum zweiten Thema, wie ich persönlich mit dem Begriff »Gott« umgehe, möchte ich folgendes klären:

Grundlegend können Sie davon ausgehen, dass ich religionsneutral denke, selbst wenn ich, geprägt durch meinen Lebenslauf auf biblische Zitate zurückgreife. Wenn ich im Folgenden den universellen Geist auch Gott nenne, vertrete ich damit keine religiöse Überzeugung. Sollte Sie dieser Ausdruck »Gott« stören, ersetzen Sie ihn durch eine ihnen näherliegende Bezeichnung.

Ich bin mit der katholischen Religion aufgewachsen. Je älter ich wurde, umso mehr setzte ich mich mit den Überlieferungen auseinander. Ich fragte mich, woher wir wissen können, dass die Überlieferungen *jeder einzelnen* Religion stimmen. Angesichts meiner katholischen Ausrichtung überlegte ich natürlich, ob der katholische Kirchenvater und Gelehrte Hieronymus (347–420) sich nicht in einem Zwiespalt befunden haben könnte, als er die erste Bibel verfasste. Diskussionen um Briefe zwischen Hieronymus und Pabst Damasus I. (366-384) sollen belegen, dass Hieronymus stets auf Differenzen der vorliegenden hebräischen und griechischen Evangelien (Heilsbotschaft) hingewiesen habe.

Insofern bestätigt sich, dass die historischen Texte, Überlieferungen und Übersetzungen ganz sicher keiner Leichtfertigkeit, sondern zeitgemäßen Überzeugungen unterlagen. Die Tatsache, dass Martin Luther (1483-1546) die Kirche durch seine Reformation spaltete, verweist ebenfalls auf die Schwierigkeit, Geschichte ursprungsgemäß durch Worte und Begriffe zu überliefern.

Fakt scheint jedenfalls zu sein, dass es über die Antike hinaus eine Prähistorie gegeben hat, aus der keine Schriften hinterlassen worden sind. Wissenschaftler haben Unmengen an Forschungen, Zeit, Geld und Beobachtungen geleistet, um uns ein Bild lange vergangener Zeiten zu übermitteln. So scheint es glaubhaft zu sein, dass sich die Menschheit seit mehr als 300.000 Jahren entwickelt hat.

Wie konnte dann ein Physiker wie Albert Einstein (1879-1955) mit seiner Relativitätstheorie die »Zeit« infrage stellen? Zeit scheinen wir doch täglich zu durchleben – und nun behaupten einige moderne Wissenschaftler der Quanten- und Spin-Theorien, dass es Zeit gar nicht gebe.

Es stellt sich doch die Frage, ob alle Informationen immer nur falsch sind. Nein, das glaube ich weder in der Wissenschaft noch in der Religion. Jede Epoche enthüllt Informationen, die in der Summe aller zurückliegenden Informationen plötzlich einen anderen Sinn ergeben, als zu ihrer Zeit. Insofern führt der Informationskomplex, der sich ergänzt und logisch erscheint zu einem glaubhaften Ganzen, selbst wenn gefühlte »Realität« (Zeit) nach neuesten Informationen gar nicht vorhanden ist. Das Zusammenspiel aller Informationen mit dem persönlichen Erfahrungshintergrund ist natürlich von Bedeutung und bringt angesichts sich gleichender Inhalte, unterschiedliche Begriffe hervor (universeller Geist/Gott/Allah …).

Ein jeglicher Erfahrungshintergrund ist vertraut und so ist mir der Begriff »Gott« in dem Zusammenhang mit der universellen Schöpferkraft vertraut. Dennoch liegt es mir fern, durch den Begriff Gott eine Kirche (Gebäude/Organisation) oder Religion (Geschichte) zu favorisieren. Vielleicht hat die Menschheit die Informationen zur Erklärung der universellen, göttlichen Geisteskraft zu sehr mit der Wahrnehmung der eigenen physisch-fühlbaren Welt verwechselt. Dadurch mag sich die Verständigungskluft zwischen Individuum und Universum begründen.

Abschließend möchte ich hierzu noch etwas infrage stellen: Wenn Gott, der universelle Geist, »allem was ist«, nicht nur eine Daseinsberechtigung zugesteht, sondern »alles was ist« sogar durchflutet, muss er allwissend und unipräsent sein. Wie kann der Mensch aus seiner dreidimensionalen Sicht die Welt und alles Geschehen in Gut und Böse teilen und beurteilen. Ist es angemessen, diesen »alles durchflutenden Geist«, angesichts anderer Menschen zu verurteilen? Eine alte Indianerweisheit sagt:

»Beurteile nie einen Menschen, bevor du nicht mindestens einen halben Mond lang seine Mokassins getragen hast.«

26

Diesen Satz habe ich verinnerlicht und stelle regelmäßig fest, dass mich das Leben des anderen nichts anzugehen hat, solange dieser mich nicht in sein Leben einlädt. Es ist interessant, sich auszutauschen, Erfahrungen zu sammeln, im Leben gemeinsam Spaß und Freude zu erfahren. Mit anderen zusammen zu sein kann im gegenseitigen Respekt wunderbar funktionieren. Wer jedoch nicht bereit ist, in den Schuhen des anderen zu laufen, verfügt über keine Kompetenz, ihn zu beurteilen. Sich über das Anderssein zu wundern, ist legitim und verlangt zeitgleich den Respekt vor dem anderen Leben und damit vor den fremden Erfahrungen.

Jeder Mensch IST, vielleicht, weil ihn jemand braucht, wie er ist – ansonsten gäbe es ihn nicht.

Essenz

1. Die Historie hat uns viele Informationen und Erfahrungen überliefert. Dafür können wir dankbar sein.

2. Menschen verwechseln oft das zivilisiert-sozialisierte Leben mit dem universellen Dasein.

3. Gott, der alles durchflutende Geist, gesteht »allem was ist« eine Daseinsberechtigung zu.

4. Nur im gegenseitigen Respekt kann ein harmonisches Zusammenleben gelingen

II. So ist das Leben

Es gibt Tage, Wochen, Monate oder Jahre im Leben, an denen alles so gut läuft, dass Gedanken an Veränderungen gar nicht erst aufkommen können. Doch plötzlich gibt es Phasen, in denen man glaubt, die ganze Welt habe sich einem entgegengestellt oder gar verschworen. Immer sind es die negativ erlebten Zeiten und Umstände, die dazu führen, Veränderungen herbeizusehnen. Schließlich möchte niemand mit negativen Gefühlen durch Sorgen, Ängste und Leid belastet sein. Das Erstaunliche am Leben ist, dass sich bestimmte Themen schleichend wiederholen. Da ist zum Beispiel der nette junge Mann von nebenan, der ständig von seinen Partnerinnen hintergangen und betrogen wird, oder der hilfsbereite Freund, der selber kaum zu Geld kommt. Die universelle Aussage, die hinter den wiederkehrenden, »schicksalhaften« Schiffbrüchen steht, ist: »Warum willst Du Mensch immer etwas anderes, als der universelle Geist?« In meinem Fall habe ich während meines gesamten Lebens jeden Anderen mehr geschätzt als mich selber. Womit ich nicht sagen will, man möge sich für wertvoller halten als andere. Aber dieser Bibelspruch, der besagt, »*Liebe Deinen Nächsten wie Dich selbst*«, spricht deutlich von der **Einheit** des alles durchflutenden Geistes. Das zu begreifen, wirbelt das menschliche Leben und Denken ziemlich durcheinander.

Wer sich selbst nicht schätzt, kann nicht erwarten, von anderen geschätzt zu werden und trennt sich dadurch selber vom universellen Geist. Im Endergebnis werden wir Menschen wiederholt regelmäßig und konsequent vor unsere eigenen Hürden gestellt.

Diese lauten: »Ich, der universelle Geist, möchte mit Dir das Paradies erleben – aber wenn Du erst noch einmal fallen möchtest, falle. Vielleicht kommst Du nach dem nächsten Fall mit ins Paradies.« Dieses Fallen hat sehr viele Gesichter und reicht vom betrogen und belogen werden über Diskriminierung bis hin zur Vereinsamung. Irgendwann fragen sich Betroffene, warum ihnen ständig das Gleiche passiert. Dabei stellen sie zunächst nicht fest, dass der gleiche Fall, belogen, betrogen oder diskriminiert zu werden, von Situation zu Situation immer heftiger wird. Erst wenn die erste Leidensgrenze erreicht ist, folgt die Erklärung: »Das passiert mir ständig, aber diesmal war es wirklich der Höhepunkt.« Infolge dieser Erkenntnis nimmt man sich vor, sein Leben grundlegend zu verändern. Möglicherweise erfolgen therapeutische Maßnahmen, in denen alte Gefühle aufgerollt und neu durchlebt werden. Die Absicht ist, diese Gefühle in Wut zu verwandeln, um sie anschließend für immer eliminieren zu können. In dem Glauben einer perfekt gelungenen Gefühlsbearbeitung erlebt der eine oder andere vielleicht einige Erfolge und freut sich über das vermeintlich neue Leben. Die eigene Lebenszeit wird neu strukturiert, um neben der Arbeit seine Freizeit effektiv zu erleben. Freundschaften werden aufgefrischt, und man berichtet aller Welt von dem endlich erreichten eigenen.

Doch das Universum lässt sich nicht betrügen und eliminiert keine (Gefühls-)Energie. Während der Mensch unbewusst und leicht zerknirscht die tiefe Enttäuschung fühlt »schade, warum nicht heute«, zwingt er sich zum positiven Denken und spricht: »Wenn nicht heute, dann morgen«. Aber der universelle Geist hat das Knirschen im Untergrund schon längst erkannt und antwortet: »So positiv kannst Du gar nicht denken, dass ich Dein Knirschen nicht finde.« Plötzlich stellen sich andere Situationen ein, in denen sich der Betroffene betrogen, belogen, hintergangen oder minderwertig fühlt. Der Reigen misslicher Umstände beginnt, trotz positiven Denkens langsam, aber sicher von neuem, bis man glaubt, einem bestimmten »SO BIN ICH EBEN« nicht entrinnen zu können.

Die Frage nach dem »Warum bin ich so« verleitet zur Suche nach einem Schuldigen, denn angesichts seiner Geburt als unschuldiges Kind muss es einen Schuldigen geben. Und wenn sich niemand findet, müssen spätestens die Eltern, Verwandten oder Lehrer als Schuldträger für das verkorkste Leben herhalten, wenn nicht gar ein mögliches schweres Vorleben. Aber welche Eltern würden ihrem hilfsbereiten Kind wünschen, im Erwachsenenleben nur ausgenutzt zu werden? Können sich Eltern hochbegabter Schüler vorstellen, dass diese später vor immer gleichen emotionalen Eheproblemen stehen? Sind Eltern wirklich in der Lage, ihre Kinder bewusst zu diskriminieren, mit dem Wunsch, sie klein zu kriegen?

Diese Beispiele bedeuten nun nicht, dass hilfsbereite Kinder immer ausgenutzt würden und Hochbegabte emotionale Schwierigkeiten hätten. Ebenso wenig entspringen Minderwertigkeitsgefühle nicht grundsätzlich der Erziehung. Die menschliche Seele ist seit Jahrtausenden bemüht, sich von einer Ur-Angst zu befreien. Das Leben ist viel zu facettenreich, um es auf einen so kurzen Nenner bringen zu können. Alle in diesem Buch aufgeführten Beispiele, darauf möchte ich explizit hinweisen, entstammen einem breiten Spektrum an Möglichkeiten und sollten niemals als das Nonplusultra gesehen werden. Immerhin gibt es ebenso Menschen, die sich cool und gelassen fühlen, ihre Vergangenheit hinter sich zu lassen und ohne Gefühlschaos ihren Weg gehen. Doch auch ein solcher Lebensweg verläuft nicht immer glatt. Möglicherweise stellt sich in einem solchen Leben die wiederkehrende Frage, warum man es andauernd nur mit Idioten zu tun hat. Interessant wäre, jeden einzelnen Fall individuell zu betrachten. Wahrscheinlich würden die Betroffenen feststellen, dass sich die bekämpft geglaubten Probleme in ihrer Heftigkeit zunehmend steigern.

Erst stolpert man über einen Gedanken, dann über ein Wort, anschließend über einen Stein, später über einen Findling, um schließlich vor einem Berg zu stehen. Die Situationen, vom Stein bis zum Berg, mögen sich ändern, doch das Stolpern bleibt. Irgendwann stellt sich die Frage, wie man der grundsätzlichen Problematik »Stolpern« entkommen könne. Nachdem jede mögliche Therapie oder das klare Erkennen und Abwehren von »Idioten« erfolglos geblieben ist, steht man ohne Rezept da.

Spätestens ab der zweiten Leidensgrenze reduziert sich der Fokus auf die Betrachtung des eigenen Lebens und der eigenen Person – mit dem Ziel, die Welt um sich herum mit Lebensqualität und Glück zu erfüllen. Manch einem wird es gelingen, die innere Ruhe zu erreichen. Wie in einem Rausch schwelgt er oder sie in einem spirituellen Glückszustand, ohne weitere Wünsche zu empfinden. Tauchen dennoch unerreichbar erscheinende Wünsche auf, wird der Rettungsanker vernunftbezogenen Denkens gezogen.

Es erscheint in diesem Moment sinnvoller, sich auf die eigene, wertvollere Spiritualität zu konzentrieren, anstatt auf die vielen materiellen (unerreichbaren) Wünsche des irdischen Lebens. In der festen Überzeugung, die eine oder andere Wunscherfüllung doch nicht zu bekommen, taucht die Erkenntnis auf: »Wozu braucht der Mensch den schnöden Mammut Geld?« Und so bestellt man sich vernunftbegabt lieber einen Heiligenschein, anstatt dem universellen Impuls irdischer Freuden zu frönen. Doch alles hat zwei Seiten. Deshalb stellt sich andererseits bei einigen Menschen die berechtigte Frage, warum der Nachbar in Wohlstand lebt, während das eigene Leben begrenzt ist. Auf dieser Suche nach dem Lebensglück entscheidet sich der eine für die Börsenspekulation, während der andere – sich suchend – in Meditationsübungen, Yoga oder andere Künste aufgeht. Egal, wie man es macht und welche der vielen berechtigten Techniken angewandt werden: Die Suche nach dem Lebensglück treibt jeden Menschen an. Noch während der Mensch sein persönliches Lebensglück sucht, bleibt der universelle Geist völlig unbeeindruckt konsequent und schickt weiterhin die altbekannten Probleme in Form von Beziehungs-, Wohnungs-, Arbeits-, Gesundheits- oder Finanzstress. Selbst wenn in einem fast perfekt erscheinenden Leben keine Stressfaktoren zu nennen sind, gibt es immer irgendwelche Probleme, die zu negativen Gefühlen führen. Sei es nun der verlorene Zehn-Euro-Schein, die kurzfristige Absage der Freundin zum Tanzabend, die Versetzung in eine absolut unangenehme Abteilung, die unverschämte E-Mail oder die 5 in Mathe, die der Sohn nach Hause gebracht hat.

Neben diversen kleinen oder großen Konkurrenzstreitigkeiten bleibt die Suche nach dem Glück und einem erfüllten Leben lebendig, denn es ist kein Geheimnis, dass Glücksgefühle das Leben bereichern und Angst die Kehle zuschnürt. Mit diesem Denken sind wir Menschen mit dem Universellen d`accord. Und während der universelle Geist tief in uns nach unbegrenzten Glücksgefühlen forscht, die er am liebsten dreifach beantworten möchte, erklärt der Mensch hingebungsvoll begrenzend: »Ich freue mich, dass ich zufrieden sein kann.« Die tragische begrenzende Emotion im Untergrund, diese ängstliche Furcht, das Glück könne vergehen, erkennt der Mensch nicht. Macht ja nichts. Das Universum wird uns immer und immer wieder darauf aufmerksam machen, wie begrenzt wir leben. Bis wir es gelernt haben, dankbar und glücklich unsere tiefgreifenden, unbegrenzten Wünsche zu erkennen, zu träumen und zu leben. In der Zwischenzeit verteilt das Universum das Ticket »Spaß am Leben« an alle diejenigen, die aus tiefstem, freudestrahlenden Herzen rufen: »Hallo Universum, hier bin ich!«.

Und anstatt diesen Vorbildern zu folgen stellt der Unglücksrabe neidvoll fest, warum alle anderen es besser haben. Vielleicht müssen wir einmal oder zweimal sterben, um unser Lebensglück zu finden, doch irgendwann werden wir es begriffen haben. Das bedeutet nicht, das ich an Wiedergeburt glaube, denn unseren Körper, wie er jetzt ist, bekommen wir nicht zurück. Doch darauf komme ich später noch einmal zu sprechen. Und Sie haben recht, wenn Sie denken, dass ich mich ein wenig über unser »Menschsein« lustig mache. Bitte verzeihen Sie mir das. Nach meinen sechzig Jahren »Leben ohne Spaß« weiß ich erst, wie schön das Leben wirklich sein kann. Wir haben die Chance, das Paradies zu leben und laufen mitsamt Verstand und Vernunft ständig davor weg. Ich mache mich im Grunde über mich selber lustig, dass ich sechzig Jahre dafür gebraucht habe, das »Leben mit Spaß« zu erlernen. Daher glauben Sie mir bitte, dass ich Ihnen mit meiner heutigen Lebenseinstellung auf keinen Fall zu nahetreten möchte, sondern Ihrem Leben ganz sicher mit äußerstem Respekt begegne. Ich würde Sie einfach nur gerne mitnehmen auf die Reise ins Paradies. Ganz egal, ob arm oder reich, ob zufrieden oder unzufrieden: Es wird im Leben immer Situationen geben, die uns zur Entscheidung zwischen guten und schlechten, glücklichen oder ängstlichen Gefühlen zwingen. Und genau darin liegt unsere Chance. Vielleicht spüren wir immer mehr, dass es eine universelle Kraft gibt, die sich mit uns verbindet, wenn wir glücklich sind. Die gleiche Kraft verlässt uns, wenn wir Angst spüren. Dann stellt sich doch die Frage, was wir tun können, um wirklich glücklich zu sein.

Wohl gemerkt, es geht nicht nur um das »Zufrieden sein«, sondern um »Glückseligkeit«. Glücklichsein kann sich nur einstellen, wenn die Angst, die uns wie eine Ur-Angst in bestimmten Situationen immer wieder befällt, ungelebt bleibt. Wie aber lässt sich dieses tiefempfundene, oft übermächtige Gefühl der Angst durch Glück ersetzen? Doch nur durch ein Gefühl des Vertrauens, womit sich die Frage stellt, zu wem oder was. Damit beginnt die Suche erneut, nach dem ultimativen Weg zu einer absoluten Glückseligkeit.

Gedanken bilden die Grundlage zur Veränderung. Und damit beginnt das Chaos. Wie lässt sich die Angst durch Gedanken verändern? Ist sie nicht stärker als der Gedanke? Fallen wir nicht immer wieder in Sorge, wenn das Unheil droht? Wie soll man da seine Gedanken auf Glück und Dankbarkeit einstellen? Durch Erkenntnis, Willen und Übung, denn ich weiß, dass die universelle Kraft alles Positive verstärkt, wenn es aus dem tiefsten Inneren kommt. Dieses Wissen hat mich auf meinen persönlichen Weg zu einem glückseligen Leben gebracht. Heute, nachdem ich meinen Weg gefunden und einige wichtige Informationen verinnerlicht habe, glaube ich, das Navigationsgerät des Lebens verstanden zu haben. Heute bin ich davon überzeugt, dass man sein Leben selber – vollkommen – gestalten kann und dass Wünsche nicht nur wahr werden, sondern wahr werden *sollen*.

Bis zu dieser Einsicht erging es mir jedoch recht konfus, und ich stand plötzlich vor den Scherben meines Lebens. Über viele Jahre hatte ich die Spiritualität äußerst nüchtern beäugt und mich, als »Realistin« nur an allgemein anerkannte Tatsachen gehalten. Fakt war, dass ich hart arbeiten musste, um meine Familie durchzubringen. Glaubte ich. Zwischenzeitlich sorgten verschiedene Bücher, Seminare, Kurse, Praxisanleitungen, Empfehlungen und Erfahrungen für diverse Erkenntnisse, deren Nutzbarkeit zunächst recht eingeschränkt blieben. Erst später, mit einer ganzheitlichen Betrachtung, fügten sich alle **Informationen** zusammen, und ich begann die Komplexität meines Daseins zu begreifen.

Natürlich war ich bei allem, was ich an Einzelheiten während der Jahre gelernt hatte, stets der vollen Überzeugung, das Ei des Kolumbus entdeckt und richtig angewandt zu haben. Dennoch funktionierte mein Leben nur als harter Existenzkampf, in dem ich oft fallen und wieder aufstehen musste. Erst nachdem ich alles, wirklich alles verloren hatte, wofür ich jahrelang gearbeitet hatte, schloss sich der Kreis aller Informationen zu einem Ganzen, und ich begann zu begreifen, was es bedeutet, glückselig zu leben. Falls Sie erwarten, dass ich mir nun einbilden würde, das Universelle beschreiben, darstellen oder erklären zu können, muss ich Sie enttäuschen. Ich kann Ihnen nur erklären, wie ich das Ticket »Leben mit Spaß« bekommen habe. Und nun bin ich gespannt, wie es weitergehen wird. Ich bin gespannt auf Lebensphase »Klasse II«.

So weiß ich heute, dass es zwei Emotionen gibt, die wie ein universelles Navigationsgerät als Wegweiser genutzt werden könnten; dass wir in unserer dreidimensionalen Welt einen »physischen« Körper brauchen; dass Verstand und Vernunft ein Werkzeug bilden; dass Konditionierungen und Konkurrenzdenken unser Leben sehr erschweren; dass der universelle Geist mit seinen vier Gesetzen äußerst konsequent ist; dass es ein Informationsfeld gibt; dass die Außenwelt ein Spiegel der Innenwelt ist und dass das ureigene Sein, die Liebe, sich finden lässt. Alles was man tun muss, ist die Aufmerksamkeit richtig zu lenken, Angst und Konkurrenzdenken loszulassen, tiefe Dankbarkeit empfinden und Wünsche pflegen. Im Grunde könnte ich das Buch an dieser Stelle beenden, denn das ist alles, was Sie wissen, verinnerlichen und beherrschen müssen, um zu Ihrem ureigensten SEIN vorzudringen und absolut glücklich leben zu können.

Vielleicht geben Sie mir nun die gleiche Antwort, die ich lange Zeit genutzt hatte, um diese unglaublichen Aussagen in Zweifel zu ziehen: »Wie soll das denn gehen?« Trotz vieler guter Tipps und Anweisungen gelang es auch mir sehr lange nicht, an mein ureigenes Empfinden anzuknüpfen. Ich konnte es nicht einmal finden. Noch vor zwei Jahren war das Wort Meditation ein rotes Tuch für mich, und es kam mir sehr gelegen zu hören, dass ich nur immer positiv denken müsse. Das konnte ich. Aber es veränderte nicht viel. Mein größter Knackpunkt war das »Loslassen«. Also fing ich an, Toleranz zu üben, was zu Beginn nicht das Schlechteste war – bis ich begriff, dass Toleranz auch ein Irrweg ist. Irgendwann wurde mir klar, dass ich zunächst meinen Verstand überzeugen musste, mein bisher physisch-materielles, um nicht zu sagen kindliches, Weltbild komplett zu revidieren. Dieser Schritt war nicht so einfach, wie ich gedacht hatte. Wenn man beginnt, eine Verbindung zum universellen Geist aufbauen zu wollen, hängt es von dem jeweiligen Weltbild ab, dem man überzeugt anhängt.

Später konnte ich meine Gedanken bewusst auf die neu erlernte Weltanschauung richten, wonach wir, als geistige Wesen, in einem feinstofflichen Feld unendlicher Informationen existieren. Doch mein gesamter Körper mit allen seinen Zellinformationen stellte sich gegen diese neuen Informationen. Die Vorstellung, mein Leben unabhängig von derzeitigen Gegebenheiten wirklich positiv verändern zu können, erschien mir lange äußerst unrealistisch.

»Informierten« wie Uri Geller, Bärbel Mohr, Dr. Ulrich Warnke oder Rhonda Byrne gestand ich die Fähigkeit sofort zu. Nur sehr langsam lernte ich zu begreifen, wie personell abgetrennt ich mich von dem alles durchflutenden, universellen Geist, wahrgenommen hatte. In dieser Situation des »Begreifens« stand ich ohne Rezept da. Schritt für Schritt, von Information zu Information, begann ich zu verarbeiten, dass die Welt, wie wir sie erleben, einer selbst erschaffenen, holographischen Projektion gleicht, die durch die vier Gesetze Schwerkraft, Resonanz, Analogie und Wechselwirkung gesteuert wird. In mir setzte sich ein bedeutender Prozess in Gang, der mich zunächst in die schwerste Zeit meines Lebens führte: Ich musste *loslassen*. Nicht nur mein komplettes soziales Leben stand auf dem Kopf, sondern auch meine einstige Weltanschauung. Auf dem Höhepunkt meiner größten Niederlage stellte ich mir zum ersten Mal tiefgreifend, ehrlich und *unbeachtet materieller Zweckgedanken* die Frage: »Was habe ich falsch gemacht?« Ohne es zu ahnen, hatte ich mein Unterbewusstsein um Hilfe gebeten und es begann auf magische Weise für mich zu arbeiten. Schritt für Schritt lernte ich, jeden einzelnen Teilbereich meines Lebens von Geburt an neu zu verstehen und zu begreifen. Mein Leben veränderte sich von Grund auf.

Tief empfundene Dankbarkeit, Verantwortung, Liebe und Spaß am Leben, Akzeptanz, Wünsche, Visionen, sowie Schaffenskraft wurden von nun an in einem immer intensiver werdenden Leben zur Normalität.

Essenz:

1. In negativen Situationen wünscht sich der Mensch Veränderungen.

2. Bestimmte Themen kehren im Leben immer wieder.

3. Die Schuldsuche für Missgeschicke reichen bis in die Kindheit zurück.

4. Die Suche nach dem Lebensglück begleitet das ganze Leben.

5. Der universelle Geist sucht konsequent nach Glücksgefühlen. Der Mensch sucht verzweifelt nach dem Glück und Sinn des Lebens.

6. Die klare Entscheidung zwischen guten und schlechten Gefühlen ist unsere Chance.

7. Positives Denken ist gut, aber es reicht nicht. Negative Gefühle loszulassen, kann man lernen.

9. Absolut ehrliches Empfinden, ohne materielle Zweckgedanken, führen zum Ziel.

10. Der Glaube, dass wir Teil des universellen Informationsfeldes sind, macht das Magische begreifbar.

III. Jeder physische Anfang hat ein physisches Ende

Bevor ich zum Wendepunkt meines Lebens kommen konnte, gab es, wie bereits mitgeteilt, einige Überzeugungen, die ich grundlegend verändern musste. Noch vor wenigen Jahren war mir die Vorstellung von einem Feld ungeahnter Möglichkeiten, in dem wir uns als geistige Wesen bewegen, unmöglich. Meine Religion, Erziehung und Sozialisation hatten mich gelehrt, dass es einen Gott geben würde, der auf uns als brave Menschen hoffe. Ich glaubte damals noch, die Geburt sei der Anfang und der Tod das Ende. Im physisches Dasein mag dies sogar überzeugen, jedoch keinesfalls im universellen. Meine damaligen Überzeugungen grundlegend zu revidieren, gelang mir nur durch neue Informationen und irgendwann begriff ich, dass jede neue Information, jeder neue Gedanke beides vereinte: Anfang und Ende.

Oft hatte man mir nachgesagt, ich würde aus einer anderen Welt stammen. Als Mädchen und junge Frau hat mich dieser Spruch oftmals sehr betroffen und traurig gemacht. Inzwischen, da mir bewusst ist, dass alle Menschen, ja jedes Lebewesen aus einer **anderen Welt** stammt, macht mich dieses Wissen sehr glücklich. Vielleicht sollte ich besser sagen, dass wir einer anderen Dimension angehören. Das klingt sicherlich verständlicher. Dennoch ist diese andere Dimension auch eine andere Welt, von der wir zu lange nichts wissen. Insofern bin ich davon überzeugt, dass es in unserer dreidimensionalen Welt darum geht, das Leben nicht so ernst zu nehmen. Vor allem sollten wir es nicht so persönlich nehmen, denn es gehört uns nicht. Auf jeden Fall gehört es nicht der Person, die wir glauben zu sein. Wir Menschen spüren uns als eine bestimmte Person mit Namen, Körper, Seele und Geist. Dabei bemerken wir nicht, wie unbeeindruckt der universelle Geist den menschlichen Bewertungen gegenübersteht.

Nachdem ich endlich mein Ticket »Leben mit Spaß« gefunden habe, weiß ich, dass nicht jeder ein großer Geistes- und Naturwissenschaftler sein muss, um es zu erlangen. Es reicht völlig aus, Informationen zu sammeln und das persönlich-gewohnte Denken in Frage zu stellen, um dann das Unterbewusstsein reagieren zu lassen. Ich war mein ganzes Leben lang eine der schlimmsten »EGO-zentrierten« Menschen und glaubte, »mein Leben« mit »meiner Kraft« und »meinem (kognitiven) Geist« bewusst zu gestalten. Das Ganze zog ich mit Bravur durch, sodass ich heute auf Jahrzehnte während Existenzkämpfe zurückblicke. Wenn ich in diesem Buch von »egozentrischen Menschen« spreche, so meine ich keinen bestimmten Menschentyp, der krankhaft im Sozialleben nur sein eigenes Glück sucht. Es ist von Bedeutung, dass wir uns darauf einigen, dass in diesem Kontext das »egozentrische ICH« jedes Menschen gemeint ist, der sich vom universellen Dasein getrennt sieht. Egozentrische Menschen, wie die Psychologie sie benennt, können die Perspektive anderer Menschen nicht verstehen. Im Sinne meiner Ausführungen bedeutet der Begriff »egozentrische Menschen« oder »egozentrisches ICH«, dass wir Menschen nicht in der Lage sind, unser physisches Dasein »gottgewollt« zu leben. Wir begreifen den Zugriff der universellen Gesetze auf unser Leben entweder gar nicht oder nur aus einer missverstandenen, menschlichen Perspektive.

Am Anfang meiner kleinen Erkenntnisreise war ich von meinem real erkennbaren und gefühlten physischen Leben derart überzeugt, dass ich mir keine andere Sichtweise vorstellen konnte. Dort war der universelle, für alles verantwortliche, undefinierbare Gott, und hier auf der Erde war ICH mit all meinen unerfüllten Bitten. Vielleicht übersah mich der universelle Gott, weil es fähigere Menschen als mich gibt? Dass ich den universellen »Gott« übersehen könnte, kam mir nicht in den Sinn. Wie sollte ich in diesem Denken auch ahnen, dass ich zwei wesentliche Gesetze missachtete. Zum einen erkannte ich die Polarität Gott (universell) und Mensch (individuell) völlig unkorrekt, zum anderen wusste ich nichts von dem Spannungsfeld gegenseitiger Anziehung. Mir fehlten einfach viele Informationen, um meine Weltanschauung ändern zu können. Hermann Hesse (1877-1962) beschreibt in seinem Gedicht »Stufen« ganz richtig:

»...bereit zum Abschied sein und Neubeginne ..., ... *allem Anfang wohnt ein Zauber inne ...«.*

Diese Verse beeindruckten mich schon in der Schule und bestätigten meinen Eindruck, dass alles einen Anfang und ein Ende haben müsse. Und dass jedes Ende schmerzhaft wäre und Mut erfordere. Jahre später stellte ich mir die Frage, wie es einen Anfang und Ende geben könne, wenn doch die Seele unsterblich sei. Der Gedanke, mich vom sterblichen Körper trennen zu müssen war bereits schmerzvoll. Das jedes Ende jedoch einen neuen Anfang beinhaltet, übersah ich bei dieser spezifischen Frage komplett. Heute sehe ich das Thema Leben und Tod aus einem anderen, hoffnungsvollen Blickwinkel – ohne Ängste.

Während der zurückliegenden Jahre hatte ich mich ans Werk gemacht, um, wie man sagt, mit »meiner Hände Arbeit« die Existenz meiner Familie zu sichern. Zwischenzeitlich interessierten mich schon mal spirituelle Themen, doch so richtig überzeugt glauben konnte ich nicht. Irgendwie holte mich der Existenzkampf immer wieder ein. Dennoch gab es einen Zwiespalt in mir, den ich lange Jahre nicht erkannte. Ich hatte gelernt, dass Leben über vernünftiges Nachdenken zu gestalten, anstatt über *spirituelles Vorausdenken*.

Emotionale Fantastereien, die zu glückseligen Gefühlen führten, lehnte mein Verstand mit dem scharfen Hinweis auf Dummheit ab. Unterschwellig spürte ich jedoch immer, dass es zwischen Himmel und Erde mehr geben musste, als nur Logik und Rationalität. Nur beschreiben konnte ich es nie. Während dieser vielen Jahre, in denen ich der Rationalität den Vorrang gelassen hatte, fühlte ich mich in einer fremden Welt. Natürlich waren mir Bücher wie »Bestellungen beim Universum« von Bärbel Mohr bekannt, und ich probte fleißig, reich zu werden. Da mir das nötige Hintergrundwissen fehlte, versuchte ich der Autorin blind zu vertrauen, um Erfolge zu erzielen.

Erstaunlicherweise klappten einige Bestellungen recht gut, und kleine Geldsummen bis zu 1.500 Euro flatterten unvorhergesehen ins Haus. Allein wichtige Wünsche, wie zum Beispiel finanzielle Sicherheit, Reichtum, Glück und Erfolg, ließen sich offensichtlich nur über meinen Existenzkampf erreichen. Klappten die Bestellungen vielleicht doch nicht? Handelte es sich nur um Zufälle? Die Welt, in der ich lebte, war eine seltsame Mischung aus spirituellem Empfinden, wechselhaftem Glauben an einen undefinierbaren universellen Gott und hartem Existenzkampf. Viele Menschen berichteten mir von ihrer Spiritualität, die ich einerseits recht gut nachempfinden konnte, andererseits nicht immer verstand. Die Freude meiner Gesprächspartner darüber, dass die Welt sich der Spiritualität öffnet, war unverkennbar. Andererseits traf ich Menschen, die einzig dem klaren Menschenverstand vertrauten und die Spiritualität streng als Humbug von sich wiesen. Ich fühlte mich einer gegensätzlichen Welt ausgeliefert, die mir eine Entscheidung, was nun richtig sei, erschwerte. Gelernt hatte ich, meinen Verstand auf die »reale«, sichtbare Welt zu beschränken. Im wahrsten Sinne des Wortes. Das war ein fataler Fehler.

Die Sache mit dem gesunden Menschenverstand begleitete mich mein ganzes Leben, denn immerhin musste ich ihn ständig einschalten. Dass ich dadurch darüber hinaus nichts anderes wahrnehmen konnte, war mir lange Zeit nicht bewusst. Irgendwann las ich das Buch »Quantenphilosophie und Interwelt« von Dr. Ulrich Warnke, in dem er von folgender Begebenheit berichtet, die ich an dieser Stelle mit eigenen Worten wiedergebe: Der Physiker Albert Einstein endete mit einer Vorlesung, deren Inhalte den Studierenden unvorstellbar erschienen. Einer von ihnen erklärte dem Nobelpreisträger, dass er die Inhalte nicht glauben könne und so lieber seinem gesunden Menschenverstand vertraue, der nur das akzeptiere, was sichtbar sei. Daraufhin bat Einstein den jungen Mann ans Podium und bat ihn:

»Bitte legen Sie uns Ihren gesunden Menschenverstand hier sichtbar und anschaulich vor.«

Diese Geschichte machte mir Mut, über meinen x-fach einge-forderten gesunden Menschenverstand nachzudenken. Worauf baut der Menschenverstand auf? Welche oder wessen Erfah-rungswerte liegen zugrunde? Welchem Menschenverstand kann ich vertrauen? Meinem, dem meines Nächsten oder dem der Wis-senschaftler? Inzwischen ist mir, wie damals als Kind, meine Fantasie lieber als einzig allein mein gesunder Menschenverstand.

Mit meinen ersten Fragen aus Philosophie und Naturwissenschaft begann ich, mich dafür zu interessieren, warum der Mensch über Körper, Geist (Verstand) und Seele verfüge. Siegessicher glaubte ich, den Körper definieren und den kognitiven Geist erklären zu können. Nur für die Seele gab es keine Erklärung. Die war ir-gendwie unfassbar. Immer wenn ich Esoteriker reden hörte, man müsse tief in die Seele blicken, um sich selbst kennenzulernen, hatte ich ein Problem. Ich konnte nichts erblicken. Pflichtbewusst bemühte ich mich, meine Seele durch Meditationsversuche zu finden. Es war nur frustrierend, und ich beschloss, mich auf Körper und Verstand zu konzentrieren. Die Seele, die ich in Form von Humor, Liebe und Gefühlen zu spüren glaubte, stempelte ich als eine Art »Persönlichkeit« ab, die vermutlich auf der Erde irgendwelche Erfahrungen machen wolle. Eine undefinierbare Verbindung zu Gott konnte ich mir für diese Seele auch noch erklären. Aber eine Vorstellung, was das genau bedeuten solle, hatte ich nicht. Die Frage war also: Wenn Autoren davon be-richten, beim Universum Bestellungen aufgeben zu können, die tatsächlich geliefert würden, warum gelang mir das nicht? Was wussten die Autoren, das ich nicht wusste?

Essenz:

1. Der Mensch sollte sein irdisches Leben nicht so ernst und persönlich nehmen.

2. Anfang und Ende bilden durch ein Spannungsfeld einen ewigen Kreislauf.

3. Informationen und eigene Erfahrungen ergeben ein glaubhaftes Bild.

4. Der Ego-zentrierte Mensch hat sich in seiner dreidimensionalen Welt verselbstständigt.

5. Der universelle Schöpfergeist durchflutet uns mit seinen Wünschen, und der Mensch ignoriert sie.

6. Um der universellen Kraft zu vertrauen, sollte der Mensch lernen, sein Denken in Frage zu stellen.

7. »Vernünftiges« Nachdenken verhindert das spirituelle Vorausdenken.

8. Das eigene Denken in Frage zu stellen, führt zu einer neuen Weltanschauung.

Mein erstes **vorläufiges** *Weltbild:*

Dort ist Gott und hier bin ich. ICH bin mein Körper, meine Gedanken und mein Fühlen, und ich werde von einer Seele durchflutet. Wenn es Gottes Seele ist, habe ich keine Ahnung, wie das zusammenhängt. Irgendwie muss die Seele von vielen Erfahrungen geprägt sein. Wer spirituell ist, kennt seine Seele. Wie lernt man seine Seele kennen?

IV.   Mein Körper, meine Seele und ich

Als Erstes hatte ich mich damit auseinanderzusetzen, dass der Mensch eine Seele besitzt, die mit Gott oder dem Universellen in Verbindung stehen würde. Dass unser Körper aus vielen Organen besteht, ist relativ leicht vom seelischen Dasein zu trennen. Dachte ich. Einige Probleme hatte ich vorübergehend damit, zu akzeptieren, dass der Körper nichts anderes sei, als eine chemische Zusammensetzung aus Sauerstoff, Kohlenstoff, Wasserstoff, Stickstoff, Calcium, Chlor, Phosphor, Kalium, Schwefel, Natrium und Magnesium. Wo blieb bei dieser Vorstellung meine Persönlichkeit? Etwas eleganter und angenehmer empfand ich die Auffassung, dass mein menschlicher Körper aus diversen Organen, Gelenken, Zellen, Nerven und DNA-Informationen besteht. Allerdings beruhigte mich das nur, solange ich nicht daran dachte, dass auch meine Organe, Gelenke, Nerven und Zellen einen Chemikalienkomplex bilden.

Es passte einfach nicht in mein damaliges Weltbild, dass mein Körper nur eine Chemiefabrik sein sollte. An einen menschlichen Körper als persönliches Darstellungsmodell zu glauben, war einfach viel netter. Also beschloss ich, nicht weiter über den Chemiekomplex nachzudenken. Ich erinnere mich noch ziemlich genau, welche negativen Emotionen und Trauergefühle sich in mir aufbäumten, als ich zum ersten Mal von dieser chemischen Zusammensetzung des Körpers hörte. Es war, als wollte mir jemand meinen Körper wegnehmen. Der Entschluss, nicht weiter darüber nachzudenken, hatte zwar funktioniert, aber es war nichts anderes als eine Verdrängung. Das Universum ist nachsichtig, und erst Jahre später musste ich mich erneut damit auseinandersetzen, dass dieser von mir gefühlte Körper nicht das ist, was ich gerne sehen wollte. Vorläufig war die Sache mit dem Chemiewerk jedenfalls erledigt, und ich betrachtete meinen Körper weiterhin als einen Organkomplex. Irgendwie glaubte ich, dass mein Körper wie ein Mantel für meine Seele sein müsste, denn ich spürte ein SEIN in mir, das ich nicht richtig beschreiben konnte. Meine Frage war nun, was die Seele eigentlich ist, von der es heißt, sie sei unsterblich. All mein Denken, Fühlen und Empfinden musste doch irgendwie mit ihr zu tun haben. Folgerichtig glaubte ich, dass die Sinneswahrnehmungen das Verbindende zwischen Körper und Seele sein müssten. Also beschäftigte ich mich eine Zeitlang mit Fragen rund um die menschlichen Sinnesorgane.

Ich kann sicher allgemein sprechen, wenn ich sage, dass wir unseren Körper durch unsere sieben Sinne real wahrnehmen. Diese sind der Seh-, Geruchs-, Gehör-, Tast-, Geschmacks-, Bewegungs- und Gleichgewichtssinn. Setzt man sich mit dem Begriff »Sinn« auseinander, gibt es zwei Bedeutungsebenen. Die Sprache kann mit ihren doppeldeutigen Begriffen durchaus kompliziert sein. Daher ist es nicht nur schwierig, die heutige, moderne Kommunikation zu verstehen, sondern vor allem die historisch überlieferten Berichte. (s. Kap. I.) Diese Tatsache bedingte zwischenzeitlich, dass ich eigene Erfahrungswerte zu Rate ziehen musste. In der Philosophie geht es in der Regel immer um den Sinn und Zweck einer Sache, wie zum Beispiel um den Sinn des Lebens, während es sich bei den aufgezählten Sinnen um die Wahrnehmung bestimmter Reize handelt. (*Geht es bei dem*

Sinn des Lebens um den Reiz des Lebens? Sprache kann durchaus verwirren.) Durch diese Überlegung verstand ich meinen Körper nun nicht mehr nur als Mantel, sondern als Vehikel meiner Seele.

Meine Seele konnte durch Sinneswahrnehmungen also das Leben spüren. Mein Weltbild hatte sich unmerklich von dem absolut materiellen Körper als Hauptmerkmal zur Priorität eines seelischen Daseins verschoben.

Obwohl ich noch immer nicht wusste, was die Seele eigentlich ist, lag ich mit der Vorstellung, dass der Körper nur ein (Reiz-)Mittel zum Zweck sei, gar nicht so verkehrt. Der Gedanke, dass meine Seele unsterblich sei, tat richtig gut. Über das Thema Anfang und Ende dachte ich nicht weiter nach, weil die Seele unsterblich ist. Mit diesen Überlegungen waren die sieben Sinne, die ich kannte, eindeutig meinem Körper zugeteilt und ein Bestandteil meiner Überzeugung. Bis sich erneut eine Frage einstellte:

Wieso konnte ich dem Bewegungs- und Gleichgewichtssinn kein sichtbares Organ zuteilen? Zum Sehen gibt es bekanntlich Augen, zum Hören die Ohren, zum Riechen die Nase, zum Schmecken die Zunge und zum Tasten Hände. Wer sagt also, dass es einen Bewegungs- und Gleichgewichtssinn gibt? Sich zu bewegen und das Gleichgewicht halten zu können, sind durchaus Fähigkeiten. Aber wo liegen die dazugehörigen Sinnesorgane?

Interessant waren einige Auseinandersetzungen mit Gesprächspartnern, die unsere Sinne ausschließlich auf die von Aristoteles (384-322 v. Chr.) benannten fünf Modalitäten Sehen, Hören,

Riechen, Fühlen und Schmecken reduzierten. Dass diese fünf Sinne dem Körper zuzuordnen sind, liegt auf der Hand.

Allerdings erklärten mir diverse Fachartikel aus der Biologie, dass der Gleichgewichtsnerv, sowie die von der Kinästhesie (Bewegungsempfindung) benannten Rezeptoren eines Bewegungssinnes, in Gelenken, Muskeln und Sehnen vorhanden seien, jedoch etwas versteckter liegen. Insofern steht der medizinische Laie vor der Wahl, an die Sinne Bewegung und Gleichgewicht zu glauben oder nicht. Für mich wurden diese beiden Sinne zu einer Art Anhängsel, weil ich die entsprechenden Nerven nicht kannte und keinen Bezug dazu hatte. In der klassischen Naturwissenschaft werden die Sinne übrigens auf nur drei Reize begrenzt: Chemie, Mechanik und Licht. Das passte mir gar nicht, denn es erinnerte mich erneut an die »Chemiefabrik«, und ich hörte lieber den »Nicht-Wissenschaftlern« zu.

Es ist schon seltsam, wie das Bauchgefühl steuert. Wir klammern uns so sehr an unsere personalisierte Wahrnehmung, dass wir andere Realitäten nicht wahrnehmen wollen. Viele Esoteriker verwiesen mich zu der Zeit auf die Intuition als sechsten Sinn, da man sie als Vorahnung, als Bauchgefühl, spüre. Sie kennen sicherlich solche Situationen, dass es an der Tür klingelt, und Sie ahnen ohne logische Begründung, Tante Erna stünde vor der Tür. Und tatsächlich ist sie es. Diesen Erklärungen konnte ich gut folgen, denn Erfahrungen mit der Intuition hatte ich bereits selber gemacht. Allerdings ließ sich diese Wahrnehmung keiner Körperlichkeit zuschreiben. Vielleicht stimmen Sie mir zu, dass die Frage nach den menschlichen Sinnen mit dem Erfahrungswert der Intuition schon interessanter wird. Vor allem brachte der »sechste Sinn« den Körper offensichtlich mit der Seele in Verbindung. Dachte ich zumindest.

Bereits zu diesem Zeitpunkt musste ich mich mit vielen heftigen Gegenstimmen auseinandersetzen. Einigen wissenschaftlich orientierten Menschen zufolge sollte dieser angebliche »sechste Sinn« nicht existieren. Ich las diverse Zeitungsartikel, in denen Folgendes erklärt wurde: Mit dem sechsten Sinn wird umgangssprachlich eine unbewusste Wahrnehmung beschrieben. Tatsächlich verlaufe diese jedoch über die bekannten Sinne. Was aber war das Unbewusste? Es war jedenfalls nicht körperlich. Meine Vermutung, den Körper von der Seele einfach trennen zu können, stieß bereits an Grenzen. Weitere Nachforschungen ergaben viele neue Informationen. Hauptsächlich waren es Forscher und Wissenschaftler bestimmter Fachgebiete, die sich gegen alles aussprachen, was unerklärlich war. Diese »Mainstream-Wissenschaftler« beschäftigen sich, so hieß es, sehr akribisch mit ihrem Fachgebiet. Eine ganzheitliche Betrachtung oder das Heranziehen weiterer Wissenschaften empfanden daher viele als unnötig. In vielen Gesprächen wurde mir entgegengehalten, dass der Begriff »Mainstream-Wissenschaft« ein erfundener sei. Laien, Pseudowissenschaftler und Esoteriker hätten diesen Begriff kreiert, um ihre »Hirngespinste« durchzusetzen.

Während ich mich also mit dem Thema Körper, Seele und Sinne auseinandersetzte, fühlte ich mich zwischen zwei Fronten. Einerseits gab es Wissenschaftler, die sogar die Seele und erst recht den sechsten Sinn als Humbug ablehnten, andererseits solche, die sich bemühten, die Seele und den sechsten Sinn zu erklären.

Doch richtig radikal erschienen mir die Anhänger der »Mainstream-Wissenschaft«, denn die erlebte ich ständig in Angriffsposition. Erstaunlich fand ich, dass der sechste Sinn damals von einigen als »unbewusste Wahrnehmung« abgetan worden ist, ohne dass mir diejenigen das Unterbewusstsein erklären konnten. Irgendwann stieß ich auf eine interessante Aussage des Philosophen und Mathematikers Pythagoras vom Samos (ca. 570-500 v. Chr.), der folgendes gesagt haben soll:

»Werde kein Mitglied eines wissenschaftlichen Vereins. Wenn die Weisen sich in Vereinen versammeln, werden sie zu pöbelhaften Kleinbürgern.«

Für mich bedeutete dieser Hinweis, dass ich mal wieder auf meinen Bauch hören musste, wem zu glauben sei. Also glaubte ich mir selber. Da ich genügend Erfahrungen mit der Intuition gemacht hatte und es mir einleuchtete, dass Spezialisten ihr Fachgebiet, aber nicht alles kennen können, glaubte ich an die Intuition als sechsten Sinn. Außerdem berichteten viele Gesprächspartner von ihren Intuitionen und Inspirationen, was mich erneut aus dem Gleis warf. Wieso wurde nun die Inspiration mit der Intuition in Verbindung gebracht? Ich konnte mir nicht vorstellen, dass die Inspiration zu diesem sechsten Sinn zählen sollte.

Geht man von der Namensbedeutung »Inspiration« aus, handelt es sich dabei um ein »Einhauchen« einer kreativen Idee oder eines sonstigen Einfalls. Dass dieses Einhauchen ebenfalls einen Reiz darstellte, konnte ich anerkennen. Aber zählt sie dadurch zum sechsten Sinn? Intuitionen spürte ich in meiner Bauchgegend. Inspirationen im ganzen Körper. Wer oder was nahm die Inspiration war? Der Körper oder die Seele? Oder gab es noch etwas anderes? Es heißt sogar, dass die Inspiration einer unbewussten Information oder Intelligenz entspringe. Mir stellte sich natürlich auch die Frage, *welcher* unbewussten Information oder Intelligenz. Und vor allem, wie standen Körper und Seele damit in Verbindung? Aus der Esoterik erhielt ich die schwammige Antwort, dass die Inspiration wie die Intuition ein Bauchgefühl sei und im Solarplexus entstehe. Tatsächlich befindet dieser sich etwa in Höhe der Rippenbögen zur Bauchmitte. Er wird auch Sonnengeflecht genannt, weil viele Nervenfasern sich dort bündeln. Insofern konnte ich nachvollziehen, dass die Intuition als Bauchgefühl spürbar ist. Die Inspirationen fühlte ich allerdings wie kreative Impulse oder Einfälle im ganzen Körper und konnte sie ganz und gar nicht dem Solarplexus zuordnen. Also setzte ich mich zunächst weiterhin mit der Intuition auseinander. Einige Zeit später beschäftigten mich interessante Redewendungen, wie zum Beispiel »Schmetterlinge im Bauch haben«, »Mir schnürt sich der Hals zu« oder »Das treibt mir das Blut in die Adern«, wodurch ich auf eine weitere Information stieß.

Ich entdeckte eine TV-Sendung über das Thema und erfuhr von einem Experiment: In Finnland sei 2013 eine Studie mit dem Titel »Anatomie der Gefühle« veröffentlicht worden. Wissenschaftler hätten eine »Körperkarte« für Gefühle entwickelt und vorgestellt. Danach würden wir Ärger vom Bauch aufwärts bis zum Kopf spüren. Freude, Liebe und Glück sei im gesamten Körper zu empfinden, während Kummer und Depressionen den Körper beklemmen würden, sodass Arme und Beine erschlafften.

Aus eigener Erfahrung stimmte ich dem Beitrag zu, denn ähnliche Gefühle hatte ich schon tausendmal in den entsprechenden Regionen verspürt. Skeptisch machte mich in dem Zusammenhang, dass in dem Vortrag vom menschlichen Körper als Resonanzkörper gesprochen wurde. Die Frage, wodurch sich Gefühle von Intuitionen und Inspirationen unterscheiden, beschäftigte mich zu der Zeit nur temporär. Mir reichte es, sie zu spüren.

Ebenso genügte es mir zu wissen, dass sich viele Nervenfasern im Solarplexus bündeln, die Gedanken, Gefühle und Intuitionen in die vielen verschiedenen Körperregionen weiterleiten können. Mit dieser Erkenntnis, dass Intuitionen über das Sonnengeflecht wahrgenommen werden, hatte ich sie als sechsten Sinn akzeptiert. Somit rutschte der Bewegungs- und Gleichgewichtssinn auf Platz sieben und acht. Die Frage, welcher unbewussten Intelligenz die Inspiration entstammt, war damit zwar noch nicht geklärt, jedoch zu dem Zeitpunkt nicht mehr wichtig. Schließlich hatte ich meinen Existenzkampf im materiellen Leben zu bestreiten.

Einige Zeit später berichtete mir jemand vom siebten Sinn und dem dritten Auge. Ich muss gestehen, dass ich die Sache mit dem dritten Auge doch etwas zu speziell empfand. Noch heute würde ich diese Dimension der Wahrnehmung nicht unbedingt so bezeichnen. Mein Körper ist mit zwei Augen hinreichend gesegnet, und ein drittes brauche ich nicht. Würde ich es brauchen, hätte ich es. Dass unsere unterbewusste, sowie die bewusste Wahrnehmung allerdings über unser bekanntes irdisches Sehen hinausgeht, würde ich in jedem Fall unterschreiben. Bedeutsam wurde für mich, dass nicht nur viele spirituell bewanderte Menschen von einem *siebten Sinn* sprachen, sondern auch der Autor und Biologe Dr. Rupert Sheldrake (geb. 1942). Vielleicht kennen Sie die Situation, dass Sie während einer Autofahrt in tiefe Gedanken verfallen und dennoch unversehrt am Zielort ankommen. In seinem Buch »Der siebte Sinn« schreibt Sheldrake, dass die Menschen nicht nur über ihre Augen sehen, sondern wesentlich mehr von der Welt wahrnehmen. Seiner Theorie zufolge soll es ein *morphisches Feld* mit Informationen geben, auf das wir in irgendeiner Form zurückgreifen können. Je umfangreicher die Sache mit den Sinnen wurde, umso weniger ließ sich der Körper klar getrennt von der unbegreiflichen »Seele« beschreiben. Unmerklich verschoben sich die Dimensionen meiner bisherigen Weltanschauung. Dass der Körper eine Art Mantel für die Seele sei hatte ich bereits revidiert. Aber wie konnte der Körper ein Vehikel für die innewohnende Seele sein, wenn die Wahrnehmung so unerklärbar umfangreich ist und vor allem außerhalb des Körpers erfolgt? Das Rätzel um die Inspirationen tauchte wieder auf und hatte sich um die Frage, was Gefühle sind, erweitert.

Die Komplexität des Ganzen führte zusätzlich zu der Frage, was genau das Unterbewusstsein ist und wo die Seele beginnt. Intuitiv erkannte ich jedenfalls aufgrund eigener Erfahrungen mit der Inspiration und Wahrnehmung beides als siebten Sinn an. Bewegungs- und Gleichgewichtssinn rutschten für mich auf Platz acht und neun. Ohne bewusst zu suchen, entdeckte ich interessante Bücher, die mir Erklärungen brachten. Beeindruckt hatte mich der Architekt, Seminarleiter und Buchautor Harald Wessbecher (1954-2015), der unter anderem über die Klang-Schwingungen von Namen und deren Wirkungen auf die

Seele schrieb. Er erklärte in seinem Buch »Das dritte Auge«, dass man über den Namen einer Person eine bestimmte Wahrnehmung zu ihr aufnehmen würde. Das war für mich fundamental. Spürte ich doch selber täglich auf die härteste Weise, wie mich mein Vorname seit Kindertagen marterte. Mein Geburtsname lautet Mechthild. Wochenlang musste ich als Sechsjährige üben, den Namen korrekt mit dem mittleren »h« zu schreiben. Aber ausstehen konnte ich ihn nie. Dieser Name gehörte einfach nicht zu mir und fühlte sich wie ein schrecklicher Fremdkörper an. Dieses Gefühl und Empfinden ist so beeindruckend, wie unerklärlich. Aber es machte mir deutlich, dass an der Sache mit den Schwingungen etwas dran sein müsse. Später ließ ich meinen Spitznamen amtlich als meinen Vornamen eintragen. Seitdem hatte meine Seele Ruhe gefunden. Heute finde ich, dass der Name Mechthild für die Menschen, die ihn tragen können, ein schöner Name ist. Diese Geschichte erinnerte mich an meinen Onkel Rudolf, den ich sehr mochte. Onkel Rudolf lehrte als Professor an einer Fachhochschule. Bis zu meinem sechzehnten Lebensjahr kannten wir ihn alle nur als »Onkel Rudi«. Plötzlich weigerte er sich, weiterhin auf den Namen Rudi hören zu wollen und er bat die Familie um Verständnis, ihn von nun an mit seinem Taufnamen Rudolf zu benennen.

Das verstand in der Familie kaum jemand. Die Umstellung fiel allen schwer, und es wurde sogar spekuliert, ob er mit diesem Wunsch seinen Titel als Professor unterstreichen wolle. Für mich sah die ganze Sache anders aus. Während ich Onkel Rudolfs Wunsch sofort und mit großem Verständnis umsetzen konnte, verstand ich das Spekulieren der Familie nicht. Warum konnten sie diesem Wunsch nicht einfach nachkommen? Warum suchten sie nach statusabhängigen Erklärungen? Onkel Rudolfs SEIN hatte entschieden und zu sich gefunden. Ich spürte plötzlich eine tiefe Verbindung zu ihm. Intuitiv begriff ich, welche Verbundenheit, welches *»Harmonie-Gefühl«* sich mit dem eigenen Namen aufbaut. Entsprechend entwickelte sich in mir kaum ein Verständnis für die Familie, der es so schwerfiel, dieses SEIN nachzuvollziehen. Ich begriff, dass ihnen für dieses SEIN-Gefühl keine Informationen vorlagen. Basierend auf meinen Erfahrungen wurde Harald Wessbecher, trotz seiner mysteriösen paranormalen Selbsterfahrungen, die ich kritisch beäugte, für mich weitgehend glaubwürdig. Seinem Buch entnahm ich zum ersten Mal die folgenden inhaltlichen Aussagen:

-Das Absolute, so schreibt er, sei geprägt von feinen Energien. In einem »ungerichteten« Urzustand müsse eine Sehnsucht entstanden sein, sich ausdrücken zu wollen. Auf diese Weise seien zwei Pole, »männlich weiblich«, oder auch »negativ positiv« entstanden. Das Spannungsfeld zwischen beiden fließe als positive liebende Energie. Das Absolute umfasst als Einheit negativ und positiv und sei als Überseele zu betrachten. Aus dieser Überseele entwickelten sich immer mehr Energien. Je nach Schwingungsgleichheit formierten sich neue Seelen mit neuen Schöpfungsideen. Nur das Ego, entwickele sich ungefragt nach universell-fremden Normen und *»verzerrt das Netz der Schöpfungsideen«*. -

Besonders letztere Aussage musste ich lange »verdauen«. Wenn das Ego das Netz der Schöpfungsideen verzerrt, so hieße dies nichts anderes, als das der Mensch entgegengesetzt der universellen Göttlichkeit wirkt. Das konnte nichts Gutes verheißen. Die Frage war, wie man es nun richtig macht? Ich staunte nicht schlecht, dass diese Aussage mit anderen Worten in etwas spielerischer Kreation in dem Buch »Transformation« des Arztes Dr. Ron Smothermon bestätigt wurde. Leicht verunsichert wollte ich zunächst nicht über das Ego nachdenken. Es schien beängstigend, zu wissen, als Mensch gegen die Göttlichkeit anzurennen, ohne einen Wegweiser zum richtigen Handeln zu finden. Also rückte ich mir ein erträgliches, verständliches Weltbild zurecht:

-Die Macht, die uns leitet, scheint die universelle Seele zu sein. Aus dieser sind wir, Menschen, Tiere und Pflanzen, als unterschiedliche Seelen entstanden. Die universelle Ur-Seele ist das Ganze und unsere Seelen sind Teile des Ganzen. Die Seele spüren wir als Persönlichkeit, als Unterbewusstsein. Indem wir auf dieser Erde leben, haben wir die Chance, Neues zu spüren, zu fühlen und zu erleben. Zusätzlich entwickelt der Mensch über das Lernen ein Ego, welches dem universellen Geist widerspricht. Wir Menschen müssen lernen, dem universellen-göttlichen Gebot zu folgen-

Dieses Weltbild war beängstigend, denn die Sorge, den »Gott gewollten Weg« nie zu finden hing wie ein Damoklesschwert über mir. Vor allem gelang es mir während dieses Weltbildes nicht, das Seelenwohl (ein guter Mensch zu sein) mit dem »physischen Menschenwohl« (in Reichtum zu leben und zu genießen) in Einklang zu bringen. Zerrissen zwischen dem Glauben, nur arme Menschen gelangten ins Himmelreich aber nur reiche Menschen können glücklich leben, sah ich keinen Ausweg, jemals mein Leben korrekt leben zu können. Natürlich fühlte ich mich innerlich von der biblischen Matthäusstelle 19,24-26 gejagt:

»…Es ist leichter, daß ein Kamel durch ein Nadelöhr gehe, als daß ein Reicher ins Reich Gottes komme …«

Wie konnte die »heilige« Schrift so widersprüchlich sein und einerseits erklären, man könne Gott um alles bitten, während man als »Reicher« nicht in den Himmel gelange? Damals wusste ich noch nicht, dass dieser oft gehörte Bibelspruch sich noch fortsetzte und sehr deutlich zwischen zwei Auffassungen unterschied. Sich reich zu fühlen, bringt grundsätzlich Reichtum ein und kann ebenso ins »Himmelreich« führen. Die Frage ist, worauf konzentriert sich der innerliche Reichtum? Spüre ich ein übermächtiges Gefühl an Selbstverherrlichung oder erfreue ich mich an meinen wachsenden Fähigkeiten, mit denen ich im Einklang und Harmonie lebe? In den Schriften steht, dass auch die Jünger Jesus nach einer Antwort gefragt hatten, wie das Gleichnis mit dem Kamel zu verstehen sei und dieser antwortete:

»…Bei den Menschen ist's unmöglich, aber nicht bei Gott; denn alle Dinge sind möglich bei Gott …« (Matth. 19,26)

Die Auslegung solcher Texte, die oft aus dem Kontext gerissen sind, ist schon schwer. Noch schwieriger wird es zu verstehen, dass Jesus im Grunde **drei Welten** (Vater, Sohn, Heiliger Geist) unterscheidet und einen Weg suchte, dem dreidimensional denkenden Menschen seiner Zeit alle drei Welten begreiflich zu machen. Zu unterscheiden ist das **physische** Dasein und Erleben vom *individuellen* geistigen Empfinden und Denken, sowie dem *universellen*, alles umfassenden Schöpfergeist.

Wie unscharf und fehlerhaft mein Weltbild war, ahnte ich damals noch nicht. Zunächst akzeptierte ich, mitsamt meiner inneren Zerrissenheit, die Seele als Nonplusultra. Die Sache mit dem Ego wurde vertagt. Mein Ziel war es, eine Verbindung zu meiner Seele, die ich als Unterbewusstsein definierte, aufzubauen. Das Hauptproblem war dabei die Aufforderung von Weesbecher und Smothermon, das Meditieren erlernen zu müssen, um ein höheres Bewusstsein zu erlangen. Doch meditieren konnte ich nicht. Dafür hatte ich mit vier Kindern, einem Haus, zwei Hunden und meinem Beruf keine Zeit. Später, als die »Bestellungen beim Universum« von Bärbel Mohr mein Leben kreuzten, dachte ich noch einmal an die beiden Bücher zurück. Auch Wessbecher und Smothermon hatten das Thema behandelt und erklärt, man könne mit Phantasie und Vorstellungskraft sein Leben verändern. Für mich bedeutete es, dass Bärbel Mohr mit ihrer Aussage nicht alleine stand. Zu der Zeit brauchte ich allerdings keine Veränderungen, denn mein (physisches) Leben verlief optimal glücklich. Dachte ich jedenfalls. Die Erklärungen über die Seele, das Unterbewusstsein und Bewusstsein behielten für mich dennoch Gewicht, und ich schloss mich unbewusst der Philosophie an, die ich erst nach und nach kennenlernte:

»Alles, was nahen und entfernten Bezug auf die geistigen Vorgänge und auf Kräfte im Allgemeinen hat, muss genauso studiert werden wie jede andere Wissenschaft auch. Es gibt da keinerlei Wunder, nichts Übernatürliches, nichts was Aberglauben erzeugen oder näh-

ren kann.« (Claude Bernard, 1813-1878, Arzt, Pharmazeut, Experimentalphysiologe)

Mein damaliger Fokus beruhte darauf, dass es wichtig sei, die eigene Seele zu studieren. Da das Unbewusste selbstredend unbewusst ist, fragte ich mich, welche Persönlichkeitsmerkmale meine Seele noch ausmachen würde. Immerhin schienen die undefinierbaren Wahrnehmungen, Inspirationen und Intuitionen der Seele zu entspringen. Muss dies alles dann nicht in direkter Verbindung mit mir und der Ur-Seele (Gott) stehen? Damit fingen die Probleme an, denn die Inspiration wurde in vielen Publikationen mit dem *spirituellen Geist* in Verbindung gebracht. Hingegen gingen andere Veröffentlichungen von der *inspirierenden Seele* aus. Dieses Durcheinander zwischen Seele und Geist verunsicherte mich. Bilden die beiden eine Einheit oder ist von zwei getrennten Instanzen die Rede? Auf keinen Fall war die Seele so einfach vom Körper zu trennen und mir reichte die Vorstellung der Verbundenheit zwischen Körper, Seele und Ur-Seele. Da ich Humor, Liebe und Freude spürte, war ich davon überzeugt, dass diese Persönlichkeitsmerkmale meine Seele ausmachten, die ich als Unterbewusstsein spürte. Beruhigt ging ich davon aus, dass die Seele unsterblich sei.

Derweil lebte mein Ego meinen Existenzkampf voller Angst weiter, denn meine spürbare Seele war so unbegreiflich weit von mir entfernt. Hallo, liebe Seele, wo bist Du und wo bleibt Gottes Hilfe?

Essenz

1. Der menschliche Körper basiert auf einer chemischen Zusammensetzung.

2. Jede menschliche Seele ist ein Teil der großen Ur-Seele und deshalb unsterblich.

3. Sind die Sinneswahrnehmungen das Bindeglied zwischen Körper und Seele?

4. Könnte es sein, dass der Körper der Seele als Vehikel dient?

5. Woher kommen Intuition, Inspiration und Gefühle?

6. Welche Rolle spielen Bewusstsein und Unterbewusstsein?

7. Mit welcher höheren Intelligenz steht die Inspiration in Verbindung?

8. Warum entwickelt sich das Ego im Widerspruch zur Ur-Seele?

Mein zweites **vorläufiges** *Weltbild:*

Die Überseele ist der Ursprung allen Seins. Sie ist das Universelle. Das Universelle, erschuf zwei Pole: »negativ und positiv« und dadurch entwickelte sich Bewegung. Durch die Bewegung entstanden Erfahrungen: Was ist negativ und was ist positiv? Je nach Erfahrungen entstanden viele verschiedene Seelen. Der menschliche Körper dient der Seele, um Erfahrungen machen zu können. Alle Seelen stehen mit der Über-Seele, dem Unbewussten, in Verbindung. Das Ego widersetzt sich der Ur-Seele. Wieso kommt ein Reicher nicht ins Himmelreich? Wie sollen wir (korrekt) leben? Arm oder Reich?

V.   Die Sache mit dem universellen Geist

Während meines Existenzkampfs stellten sich immer wieder Momente ein, die mich zum Nachdenken anregten. Angesichts der vielen Ängste, Sorgen und Nöte empfand ich es wohltuend, glauben zu können, dass ich über meine Seele mit der Überseele, die ich Gott nannte, verbunden war. Aber im Grunde spürte ich eine Art schizophrene Situation. Einerseits konnte ich über mein Denken, meine Logik, meinen Verstand und meine geistige Haltung mein Leben und das meiner Familie sozialisationsgerecht relativ gut steuern. Andererseits schien meine Seele nicht immer mit allem einverstanden zu sein. Es gab Wünsche, die wir uns als Familie nicht erfüllt hatten, weil das Geld fehlte oder die Arbeit im Vordergrund stand. Und ich wusste nicht, wie ich das ändern konnte.

Dieser Gott beziehungsweise diese Ur-Seele schien mich einfach zu vergessen. Vielleicht kannte sie mich nicht einmal? Zu irgendeinem Zeitpunkt der Verzweiflung stellte sich mir dann diese Frage: Wenn die Seele mit all ihren Erfahrungswerten im Körper wohnt und als Unterbewusstsein mit der Überseele verbunden ist, was hat es dann mit dem universellen, spirituellen Geist auf sich, der den Menschen durchströmt? Übersah ich vielleicht irgendeine Verbindung? Dass ich Geist und Verstand hatte, war mir klar, denn immerhin konnte ich denken. Und so blieb es nicht aus, die Doppeldeutigkeit des Begriffes »Geist« zu hinterfragen. Während man ihn im deutschen Sprachgebrauch für das kognitive Denken ebenso wie für den psychisch-charakteristischen Geist einsetzt, unterscheidet die englische Sprache zwischen »mind« (Verstand) und »spirit« (Geist). Plötzlich war ich mit meiner Frage nach dem Geist beim Denken und Verstand angekommen. Denken, das war für mich klar, waren die Überlegungen, die ich dank meines Verstandes anstellen konnte. Als Hilfsmittel diente mir das Gehirn. Dachte ich jedenfalls.

Allerdings ging es bei meiner Frage nicht um das kognitive Denken, sondern um den spirituellen Geist. Kurzzeitig stellte sich die verwirrende Frage, woher der Verstand die Gedanken bekommt, über die er reflektiert. Gefangen in meiner sozialisierten Welt, beruhigte ich mich mit dem Hinweis, dass die Außenwelt ständig auf mich einprasselte. Es blieb also nicht aus, dass verschiedene Gedanken aufkommen würden. Weitere Erklärungen glaubte ich damals nicht zu benötigten. Den Satz, »nun schalte mal Deinen Geist ein«, kannte ich nur zu gut und brachte ihn ausschließlich mit dem vernünftigen, kognitiven Nachdenken in Verbindung. Auf die Möglichkeit eines spirituellen Vorausdenkens, wie es die Autorin Rhonda Byrne 2006 in ihrem Buch »The Sekret« favorisierte, bin ich in meiner dreidimensionalen Wahrnehmung natürlich nicht gekommen. Es blieb bei der Frage, wie das mit dem universellen, spirituellen Geist funktionierte. Bevor ich zu einer Antwort kommen konnte, musste ich mich der »Spiritualität« stellen. Ohne diese Begriffserklärung war die Frage nach dem universellen Geist offensichtlich nicht zu beantworten.

Genau genommen lässt sich Spiritualität nicht hundertprozentig übersetzen. Der Begriff kann allerdings von dem lateinischen Wort »spiritus« abgeleitet werden, was so viel wie Geist oder

Hauch bedeutet. Das erinnerte mich an die Inspiration, die übersetzt »einhauchen« lautet. Also musste es bedeutende Verbindungen zwischen Körper, Seele und Geist, Inspiration geben. Wo genau war nun dieser spirituelle Geist einzuordnen und was bedeutete er für den Menschen. In der Philosophie wird der Geist mit der »alles durchflutenden, spirituellen, intuitiven Wahrnehmung, beziehungsweise Auffassungsgabe« übersetzt. Das half mir kaum weiter, denn ich hatte keinen spürbaren Erfahrungswert mit dieser Art Geist. Meine Seele spürte ich als Unterbewusstsein. Mein kognitives Denken nahm ich auch wahr. Aber einen spirituellen Geist nicht. Nur die Inspirationen und Intuitionen konnte ich wahrnehmen. Kamen die nun aus der Seele oder dem Geist? Würde dieser spirituelle Geist über allem schweben? Wo genau war dieser universelle Geist im Zusammenhang mit dem Körper und der Seele anzusiedeln?

Die Frage war gestellt, aber die Vorstellung fehlte. In Christoph Riedwegs Buch »Pythagoras« entdeckte ich eine Auslegung zu Pythagoras Philosophie. Danach stellte Pythagoras fest, dass der Geist in seiner spirituellen Weise alles durchflute und intuitive Impulse setze, wodurch zeitgleich das Denken angeregt würde. Da das **Denken geistiger Natur** sei, brauche es etwas, um Erfahrungen machen zu können. Dies sei der Grund, warum der Mensch in seiner dreidimensionalen Welt einen Körper benötige. Diese These war mir zu der Zeit komplett neu. Der unbekannte *universelle, spirituelle Geist regt das Denken an* und nicht die Umwelt, die ich erlebte? Dass ich mit dieser Frage den ersten Schritt machte, zu begreifen, welches Doppelleben der Mensch führt, ahnte ich nicht. Bisher hatte ich geglaubt, dass meine

Seele aufgrund meines physischen Schicksals als Erfahrungspool zunehmend reifer werden würde. Ich stand vor der Schwierigkeit, etwas verstehen zu wollen, für das nicht die geringste Informationsbasis vorhanden war. Weder konnte ich auf eine eigene Erfahrung, Empfindung, noch Vorstellung zurückgreifen. Einzig die neuen Informationen forderten mich auf, über diesen »spirituellen Geist« nachzudenken. Diese Schwierigkeit, meiner universellen Seele und meinem kognitiv-geistigen Denken noch einen spirituellen Geist hinzuzufügen, überstieg eine ganze Weile mein Vorstellungsvermögen. Wenn aber Pythagoras gesagt haben soll, dass das Denken aus dem Geist kommt, musste da etwas dran sein.

Die Religion beziehungsweise die Bibel hatte mich jahrelang gelehrt, dass unter »Seele« der Mensch zu verstehen sei. Unter Petrus 3,20 steht: »...*zur Zeit Noahs, als man die Arche baute, in der wenige, nämlich acht Seelen, gerettet wurden* ...« Die Einheitsbibel hingegen beschreibt dieselbe Stelle mit der Aussage von acht Menschen. Vielleicht hätte mich jener Bibelspruch, der unter Jesaja 43,1 zu finden ist, aufmerksam machen können, was es wirklich bedeutet, zu leben:

»*Doch nun spricht der Herr, der dich Jakob, geschaffen hat und der dich Israel, gebildet hat: Hab keine Angst, ich habe dich erlöst. Ich habe dich bei Deinem Namen gerufen; du gehörst mir.*«

Jede Zeit hat ihre Sprache, und jede Sprache wird unterschiedlich verstanden. Es ist kein Wunder, dass die Gelehrten aller Zeiten es schwierig hatten, ihre Erkenntnisse dem Verständigungspotenzial des Volkes anzupassen. Mit 30 oder 40 Jahren hatte ich die Aussage »*ich habe dich geschaffen, gebildet, erlöst, du gehörst mir*« nur beängstigend als Besitzanspruch verstanden, mit dem Gott nach Belieben verfahren würde. Einfach ausgelöscht zu werden war meine bedrückende Angst. Einzig die Hoffnung, dass ich bei meinem Namen gerufen würde, wenn ich mein Leben hinbekam, erhielt mich aufrecht. Ein Optimist wäre sicherlich den Hinweisen »*hab keine Angst*« gefolgt, um dann die »Erlösung« als Erleichterung zu erleben. Jedoch beziehen sich, was ich damals noch nicht wusste, beide Auslegungen allein auf das physische Menschsein. Der physische Mensch nimmt dabei Bezug auf den universellen Schöpfergeist, ohne die Wechselwirkung zwischen individuellem und universellen Schöpfergeist zu erkennen. In dieser Matrix (Bauplan) liegt das Missverständnis.

Endlich hatte ich Glück und fand ein Buch, das mir viele Fragen beantwortete. Der Geschäftsmann Charles F. Haanel (1866-1949) hatte sich mit seinem Werk »Master Key« intensiv mit allen bereits angesprochenen Fragen auseinandergesetzt. Die Übersetzung von Rolf Löffler erklärte mir zusammengefasst, was ich zuvor bereits in ähnlicher Form bei Pythagoras gelesen hatte:

»*… Der Geist ist statisch … Die stärksten Gewalten der Natur sind unsichtbar … der einzige Weg, durch den sich die unsichtbare, spirituelle Gewalt manifestieren kann, ist durch den Prozess des Denkens …*«

Was ich damals überlas, war das Wort »manifestieren«. Es war noch nicht in meinem Denken vorhanden, etwas manifestieren zu wollen. Ich wollte zunächst begreifen, wie meine Seele mit dem universellen Geist zusammenhängen würde. Immerhin hatte ich mit dem Buch von Haanel einen weiteren Schritt auf dem Weg zu meiner Erkenntnis gemacht. Haanel erklärte, in dem der Mensch denke, programmiere er sein Unterbewusstsein. Dieses stehe in direkter Verbindung mit dem universellen, denkenden Geist, der den Menschen als *Gedankenbild* erschaffen habe. Diese Informationen erschienen mir unglaublich. Wenn der universelle Geist ein Denkender ist und ich ein Gedankenbild, wie konnte ich mich dann physisch fühlen? Die Matrix universell-individuell-physisch als Einheit zu erkennen, gelang mir lange nicht. Wichtiger war zunächst, was Haanel zur physisch-universellen Kommunikation schrieb. Er führte aus, wie wichtig die *Impulse, Intuitionen und Inspirationen* seien, *um im Sinne des universellen Geistes Erfahrungen machen zu können.* Das deckte sich mit dem, was Pythagoras gesagt haben soll und ergab bezüglich der »Bestellmöglichkeiten beim Universum« endlich einen Sinn. Durch mein physisches Empfinden, ein Mensch zu sein, hatte ich bisher das Pferd der Erkenntnis von hinten aufgezäumt. Nicht die Seele war der Ursprung allen SEINS, sondern der universelle Geist, der ein individuelles SEIN erschaffen hatte, durch das ein physisches SEIN entstanden ist. Eine höhere Dimension dirigiert eine niedrigere Dimension. Nun kommt es auf die niedrigere Dimension an, seinen »Dirigenten« zu verstehen.

Der Konsens bei Haanel lautet, dass der universelle Geist intuitive Impulse setzt, um das menschliche Denken anzuregen und über den physischen Körper Erfahrungen machen zu können.

Diese Erfahrungen ergeben in ihrer Summe eine Seele, die immer mehr und mehr hinzulernt. Endlich konnte ich mir eine Vorstellung davon machen, dass tatsächlich der universelle Geist alles durchströmt. Von nun an galt für mich folgendes Weltbild:

-Der Geist ist das Ursprüngliche. Durch Denken hat der Geist individuelle Gedankengebilde erschaffen, die sich als physische »Denker« in einer materiellen Welt fühlen. Damit stehen dem universellen Geist physische Körper gegenüber. Mit diesem Körper kann der universelle Geist Erfahrungen sammeln. Dazu sendet er Intuitionen, Inspirationen und Impulse an das Individuum. Erfahrungen, die das Individuum macht, werden als Informationen im Unterbewusstsein gesammelt. So bildet sich die Seele. Körper, Seele und Geist bilden eine Einheit-

Mit dieser revidierten, doch noch immer personalisierten Denkweise hatte ich meine Seele zwar dem Geist untergeordnet, aber gefühlsmäßig für mich behalten. Loszulassen fällt einfach zu schwer. Vom Gefühl her nahm ich mich weiterhin als autonome Geist-Seele-Verbindung in meinem Körper war. Dass ich mir nicht gehören sollte, blieb erst einmal verdrängt. Allerdings weise ich jetzt bereits darauf hin, dass es wichtig ist, die Wahrheit, die hinter den Worten Pythagoras steckt, zu erkennen. Sie ist eine der Grundlagen für das Verständnis, warum wir in dieser Welt nicht nur alles besitzen dürfen, sondern sollen:

»… der Geist setzt intuitive Impulse, die zeitgleich das Denken anregen. Das Denken, das geistiger Natur ist, braucht etwas, um Erfahrungen machen zu können.«

Inzwischen hat man sogar über die moderne Quantenphysik festgestellt, dass es einen *universellen, inspirierenden Geist* geben muss, mit dem wir über unser Bewusstsein in engster Beziehung stehen. Damit stellte sich die Frage, was Bewusstsein tatsächlich ist. Die Seele hatte ich Jahre zuvor bereits korrekt mit dem Unterbewusstsein (Ansammlung aller Erfahrungen) in Verbindung gebracht. Der Physiker Thomas Görnitz (geb. 1943) beschreibt den Begriff »Bewusstsein« in seinem Buch »Von der Quantenphysik zum Bewusstsein« als eine sich selbst erkennende und erlebende Information. Im Kompaktlexikon der Psychologie (spektrum.de), heißt es, dass das Bewusstsein neben der biologischen kognitiven Erklärung eine über das ICH phänomenal hinausgehende mentale Aktivität sei. Diese Erklärungen führten mich zu der Frage, wie es möglich sein könne, dass man oft den Satz hört »Ich hatte es geahnt, hätte ich doch …« Inwieweit war das Bewusstsein an menschlichen »Fehlentscheidungen« beteiligt, obwohl es doch mit dem universellen in engster Beziehung steht. Mir fiel der Bibelspruch 1. Korinther 2; 14 ein:

»Der natürliche Mensch aber vernimmt nichts vom Geist Gottes; es ist ihm eine Torheit, und er kann es nicht erkennen; denn es muß geistlich gerichtet sein.«

Konnte es sein, dass der Mensch die Intuitionen, Impulse und Inspirationen entweder nicht versteht oder nicht verstehen will? Ich verglich das Bild »Gott-Mensch« mit dem eines *Dirigenten, dessen Musiker blind in sich gefangen ihre eigenen Symphonien spielten.* Neben diesen Definitionen, was das Bewusstsein sei, erklärte der Physiker Dr. Ulrich Warnke in einem Interview:

»Das Bewusstsein setzt ein Ziel, analysiert, aber das Unterbewusstsein steuert alle Funktionen.«

Auch zu dieser Aussage baute ich mir ein verständliches Bild auf. Zum Beispiel lernt man Autofahren nur durch bestimmtes Wissen und Üben. Später ist der Ablauf des Fahrens im Unterbewusstsein verankert und das bewusste Wissen hat auf mögliche Veränderungen zu achten. Was wäre nun, wenn man sich dieses Auto fahren falsch beibringt? Wenn der Denkende Geist Impulse setzt und der Mensch die Impulse nicht versteht, somit also anders denkt, würde seine unterbewusste Automatik ebenfalls falsch laufen. Diese plastischen Erklärungen machten mich zum ersten Mal darauf aufmerksam, dass der Mensch, wie der universelle Geist »Denker« ist, der jedoch dem Denken des universellen Geistes nicht folgen kann. Meine Meinung verfestigte sich erneut, nachdem ich in den Schriften »Menschwerdung« von Rudolf Joseph Lorenz Steiner (1861-1925) gelesen hatte. Dieser postulierte, dass das Bewusstsein die Tätigkeit, Erfahrung und der Ausdruck des Geistes sei. Steiner schreibt sogar:

»Für die Erhellung seines Bewusstseins wird der Mensch einen ebenso langen Weg zurücklegen müssen, wie den, der zur Verdunkelung geführt hat. Dieser Weg zurück zum Geist wird auch entsprechend lange Zeiten in Anspruch nehmen.«

René Descartes (1596-1650) war Philosoph, Mathematiker und Naturwissenschaftler. Sein berühmtester Satz lautete: »Cogito, ergo sum« (Ich denke, also bin ich). Wer diesen Satz ohne Hintergrundwissen zu Descartes metaphysischer Ansicht hört, könnte glauben, er beziehe sich ausschließlich auf das physische Dasein. Dennoch lässt sich nicht leugnen, dass das menschliche Bewusstsein mehr wahrnimmt. Mein Weltbild hatte sich komplett verändert. Die offensichtliche Tatsache, dass der spirituelle Geist mit dem Bewusstsein in enger Verbindung steht und über unsere Empfindungen Erfahrungen machen möchte, lenkte mein Interesse auf viele weitere Fragen. Wie würde es möglich werden, die Impulse, Intuitionen und Inspirationen im universellen Sinne zu nutzen. Wie kann ich dem Denken des universellen Geistes folgen. Wie habe ich die Welt zu verstehen?

Wie schon Rudolf Steiner sagte, hat die Menschheit vielleicht noch einen weiten Weg vor sich, die Welt und die Erleuchtung wirklich zu begreifen. Das mag sein, aber lassen Sie sich nicht entmutigen. Niemand möchte bis in die Ewigkeit warten, um Verbesserungen ins eigene Leben zu holen. Versuchen Sie, Pythagoras zu begreifen und setzen Sie Emotionen, Wahrnehmung, Denken, Glaube und Überzeugung richtig ein. Dann dürfen Sie haben, was Sie wirklich wollen. Dann können Sie sagen: »Hallo Universum, hier bin ich – was fangen wir heute (Spaßiges) an?«

Essenz

1. Der Mensch verfügt über mehr als sieben Sinne.

2. Der Geist nutzt den Körper, um Erfahrungen zu machen, die sich in der Seele sammeln.

3. Der Mensch erlebt sich personalisiert in einer dreidimensionalen Welt.

4. Pythagoras beschreibt den Menschen als geistiges Wesen, das durch Denken Erfahrungen macht.

5. Thomas Görnitz erklärt das Bewusstsein als eine sich selbst erkennende und erlebende Information.

6. Wie kann der Mensch den universellen Willen verstehen lernen?

Mein drittes **vorläufiges** *Weltbild:*

Der universelle, denkende Geist, den ich Gott nenne, ist das Ursprüngliche. Über das Bewusstsein ist er mit dem Menschen und seinem geistigen Wesen verbunden. Doch der Mensch versteht den universellen Geist nicht und ist mit der physischen Welt abgelenkt und beschäftigt. Die Seele ist ein Erfahrungspool, der sich durch Denken und Erfahrungen erweitert. Welches Denken ist das »Gott gewollte«?

VI. Das Navigationsgerät des Lebens heißt Emotion

Nachdem ich weiß, wie oft mir der universelle Geist Chancen eingeräumt hat, mein Leben zu verändern, wird mir bewusst, mit welcher liebevollen Instanz wir es zu tun haben. Kennen Sie die Bibelgeschichte des Mannes, der wegen Hochwasser auf sein Hausdach kletterte und Gott um Hilfe bat? Es kamen zwei Boote und ein Hubschrauber vorbei, die ihn aufnehmen und retten wollten. Der Mann lehnte jede Hilfe ab und erklärte, dass Gott ihn retten würde. Nachdem er ertrunken war, beschwerte er sich bei Gott, doch der antwortete: »Worauf hast Du gewartet? Ich habe Dir zwei Boote und einen Hubschrauber geschickt.«

Menschen bekommen ständig *Chancen*, ihr Leben zu verändern. Unsere Emotionen weisen darauf hin, was für uns gut oder schlecht ist. Allerdings haben wir verlernt, die **Emotionen** rechtzeitig wahrzunehmen. Manchmal sind es positive Gespräche, Zeitungshinweise oder Impulse, die wir ignorieren, anstatt sie als richtungsweisend zu erkennen. Wir übersehen die Emotionen und Impulse einfach und jammern lieber über unser Schicksal.

Als ich die Geschichte des Mannes auf dem Hausdach analysiert hatte, stellte ich im Vergleich zu meinem Leben noch etwas fest: Zwar habe ich wie dieser Mann auch Chancen vorbeiziehen lassen, jedoch aus einer anderen Motivation heraus. Der Mann hat ohne Eigenverantwortung geglaubt und sich tatenlos auf Gott verlassen. Ich habe in missverstandener Eigenverantwortung tatkräftig an meinem Existenzkampf festgehalten. Beide Fälle führten zum gleichen Ergebnis, nämlich dem Untergang. Als wäre dieser Untergang nicht schon negativ genug, ist es bekannterweise menschlich, nur den Fehler des Anderen zu erkennen.

Vielleicht hätte der Mann mir entgegengehalten, dass mein Glaube nicht ausreichend gewesen sei und zitiert: »*Seht die Vögel unter dem Himmel an: Sie säen nicht, sie ernten nicht, sie sammeln nicht in Scheunen; und euer himmlischer Vater ernährt sie doch. Seid ihr denn nicht viel kostbarer als sie?*« (Matth. 6,26) Und natürlich hätte ich, im inbrünstigen Glauben mit meinem Verhalten richtig gelegen zu haben, den Jakobusspruch angeführt: »*Es genügt nicht, dieses Wort nur anzuhören. Ihr müsst es in die Tat umsetzen, sonst betrügt ihr euch selbst!*« (Jak. 1,22)

Anstatt also das *eigene Missgeschick zu reflektieren*, mischen wir uns in das Leben des Anderen ein. Mit erhobenem Zeigefinger halten wir ihm nicht nur seine »Eigenverschuldung« vor Augen, sondern waschen uns bezüglich der eigenen Fehler von jeder »Schuld« rein, indem wir Gott zum Sündenbock erklären. Und im Höhepunkt allen Streitens legen wir die Schriften, vom Ursprungkontext getrennt, nach menschlichen Ermessen völlig fehlplatziert aus. Vielleicht können wir uns sogar über Anhänger freuen, die uns mit den Worten gratulieren: »gut gebrüllt, Löwe«. Im Endergebnis bliebe es jedoch dabei: Wir haben unsere Chancen verpasst. Und Gott, der universelle Geist, lässt uns beide links und rechts mitsamt unseren Überzeugungen und Kriegsschauplätzen liegen. Er zieht weiter und wartet, bis wir das Ticket zum »*Leben mit Spaß*« endlich finden und einlösen: »*Handelt nicht gedankenlos, sondern versucht zu begreifen, was der Herr von Euch will.*« (Epheser 5:17)

Weder blindes Vertrauen, noch egobestimmter Aktionismus, sowie Schuldzuweisungen und Kriegszustände sind gefragt. Diese Abhandlung ist im Grunde eine typisch menschliche Situation, aus der schon Weltkriege entstanden sind. Im Klartext heißt das, der Mensch hat sich in ein personalisiertes *Eigenleben* verselbstständigt, ohne die Interessen des universellen Geistes zu kennen oder gar zu berücksichtigen. Während der universelle Geist menschliche Begründungen und Beurteilungen ignoriert, um ausschließlich und äußerst konsequent nach Glücksgefühlen zu suchen, konzentriert sich der Mensch darauf, über Kriegsschauplätze dem ultimativen »mächtigen« Glück hinterherzurennen Explizit möchte ich Sie auf diese *Differenz zwischen dem universellen und individuell-physischen Denken* aufmerksam machen.

Interessant ist in diesem Zusammenhang, dass eine durch den Menschen verfehlte Situation oft eine zweite, dritte und vierte nach sich sieht. Schauen Sie noch einmal genau hin. Die erste Situation war das achtlose Verhalten, die zweite der Untergang, die dritte die Schuldsuche und die vierte die Schuldzuweisungen. Nun stellt sich doch die Frage, wie man aus dieser (ewig-langen) Negativkette ausbrechen kann. Bereits *Pythagoras* hatte, wie ich in Kapitel V. erläuterte, gesagt, »*... der Geist setzt intuitive Impulse, die zeitgleich das Denken anregen. Das Denken, das geistiger Natur ist, braucht etwas, um Erfahrungen machen zu können.*« Darin liegt das Geheimnis, warum wir im Leben alles haben dürfen, was wir möchten. Diese Impulse, vielleicht in ein Boot einzusteigen, sich Zeit zu nehmen, einen schönen Tag zu erleben, übersehen wir, anstatt ihnen zu folgen. Im Gegenteil sind wir in der Lage, in Sekundenschnelle eine positive Emotion in eine negative zu verwandeln.

Vielleicht ist es Ihnen auch schon einmal passiert, dass Sie ein wunderschönes Haus gesehen haben und der innere Impuls jauchzte vor Freude »wie schön«. Doch unmittelbar danach rollte der Gedanke an: »Hätte ich auch gern, aber ich kann es mir nicht leisten.« Just in diesem Moment des Denkens zieht sich der universelle Geist von Ihnen zurück, denn aus dem inneren Freudenschrei ist blitzschnell ein zerknirschtes Gefühl geworden. Erinnern Sie sich an Kapitel II, indem ich bereits von dem unbewussten zerknirschten Gefühl sprach? Es mag sein, dass Sie dieses Haus noch betrachten und bestaunen, dennoch macht sich bei dem Satz, »das kann ich mir nicht leisten«, ein negatives Gefühl breit. Anstatt dem universellen Geist tiefe Bewunderung für die wahrgenommene Schönheit zu reflektieren, schlagen Sie ihm mit dem negativen Gefühl ins Gesicht: »So viel Schönheit bin ich nicht wert.«

Wie würde es Ihnen ergehen, wenn Sie jemandem aus tiefstem Herzen bestätigen, wie wertvoll er ist und dieser jemand faucht Sie wütend an, dass er keinesfalls wertvoll wäre? Fatalerweise haben Sie mit Ihrem Gefühl, »das bin ich nicht wert«, zusätzlich Ihr Unterbewusstsein mit einer negativen Überzeugung programmiert, die automatisch weitere, *gedankliche Kettenreaktionen* in Gang setzt. Nicht selten folgen Gedanken darüber, warum sich andere das leisten können und so weiter.

Haben Sie schon einmal darüber nachgedacht, was Überzeugungen tatsächlich sind? Gregg Braden (geb. 1954), Geowissenschaftler und Raumfahrtingenieur, erklärt in seinem Buch »Im Einklang mit der göttlichen Matrix«, dass der Glaube eine tiefe Überzeugung sei, der aus Emotion und Gedanke entstehe. Sehr anschaulich erläutert Braden, dass der **Gedanke und die Emotion** zunächst zu einem **Gefühl** werden. Je häufiger dieses Gefühl durchlebt wird, verfestigt es sich zu einer Überzeugung. Er verweist dabei auf die Emotionen Angst und Liebe. Es gibt viele Spekulationen darüber, welches Gegenüber die Liebe tatsächlich hat. Schnell könnte man auf den Gedanken kommen, dass Hass der Liebe und Vertrauen der Angst gegenüberstehen. Die Auseinandersetzung damit, ob wir ausschließlich Hass und Liebe oder Angst und Vertrauen spüren, verweist auf die Schwierigkeit der wörtlichen Erklärungen. Jedes Wort bewirkt eine intuitive Beurteilung, weil wir Menschen Worte und Begriffe zur Erklärung der Gefühle benötigen.

Für die weitere Thematik dieses Buches ist es jedoch leichter, dem Wissenschaftler Braden zu folgen und die **Emotionen mit Angst und Liebe** zu bezeichnen. Grundsätzlich geht es um die Emotion »negativ und positiv«. Angesichts der menschlichen Verletzlichkeit würde es im Folgenden schwierig zu akzeptieren, dass zum Beispiel Antipathie auf Hass beruht. Welcher Mensch wollte sich eingestehen, dass er so schnell hasst? Beruht die Antipathie auf Angst, fällt es nicht nur leichter, dort einmal hinzuschauen, sondern trifft den Kern der Sache. Andersherum kann mit dem Wort Liebe verstanden werden, worum es im Leben geht. Vertrauen, Danken, Sympathie sind Teilgebiete der Liebe. Wenn man sich verliebt, hat man das Vertrauen zum anderen. Insofern kommt es auf das Gleiche hinaus. Bleiben wir also bei der Definition Brades und benennen die zwei Emotionen mit Angst und Liebe.

Grundsätzlich sind **Emotionen** Affekte, also Gemütsbewegungen, die **als Impuls** (impulsiv) entweder negative oder positive Empfindungen auslösen. Wir sind demnach mit einem hervorragenden »Navigationsgerät« ausgestattet, dass wir nicht mehr zu bedienen verstehen. Wenn wir davon ausgehen, dass alle Menschen glücklich leben möchten, dürfte es doch eine Kleinigkeit sein, diesem einfachen »***Navigationsgerät Emotionen***« in Richtung positiv zu folgen. Wie ist es möglich, dass wir (Beispiel schönes Haus) aus einer positiven Emotion blitzschnell eine negative zaubern? Der Impuls beziehungsweise die Emotion »negativ« oder »positiv« ist zunächst ohne einen ersten Gedanken nur der Wahrnehmung ausgesetzt. Ab diesem ersten Gedanken-Moment beginnt der Irrweg, denn der Mensch nimmt die Emotion nicht korrekt wahr, sondern leitet sie mit einem ersten Gedanken um. Unbemerkt ist die Emotion zu einem Gefühl geworden. Ausgelöst durch eine Situation oder eine Erinnerung.

Ein hervorragendes Beispiel liefern die Abläufe innerhalb vieler »Multi-Level-Marketing-Geschäfte«. In der Gründungsphase gibt es jemanden, der eine zündende Idee, einen Impuls wahrnimmt und daraus ein Produkt erdenkt. Die Produktidee verschmilzt intuitiv, authentisch, liebevoll mit einem erdachten Aufbausystem. Der Gründer ist von seinem Impuls, Gedanken, Produkt und Werk überzeugt, liebt es, damit zu handeln und glaubt felsenfest an den Nutzen für alle anderen Menschen. Er hat seine Emotion korrekt wahrgenommen und umgesetzt. In der nächsten Generation existiert noch eine große, emotional-positive Verbundenheit zu der Idee und dem Produkt. Der Impuls, »hurra, das ist toll«, verbindet sich mit dem Gedanken, »mit Dir gemeinsam will ich handeln«, zu einem positiven Gefühl. Eine authentische Verbundenheit führt zu einem guten Geschäft und Reichtum. Mit zunehmender Geschäftsgröße verschwindet die Liebe zum Produkt, zur Handlungsidee und zum Gründer von Generation zu Generation. Der auslösende Impuls, sich am Geschäft zu beteiligen, ist jetzt die Sehnsucht, reich zu werden.

Ein Wandel hat stattgefunden, und die kämpferisch-kommerzielle Geschäftsidee »gemeinsamen reichwerden« steht im Vordergrund. In den folgenden Generationen erreicht eine egoistische Skrupellosigkeit ungeachtet jeder humanitären Verantwortung die sogenannten unteren »Geschäftspartnerlinien«. Die Gefühlswelt steht konträr zur Gedankenwelt. Der Gedanke an Reichtum mag ein Glücksgefühl vortäuschen, doch die Anstrengung, dem Reichtum hinterher zu rennen, erweckt negative Emotionen. Daraus folgt, dass der Mensch kaum noch zwischen Emotion und Gedanke zu unterscheiden vermag. Vielleicht kennen Sie den Satz: »Ja, die Ersten werden reich und wir dürfen zahlen.« Dabei stellt sich die Frage, wann dieses negative Gefühl zu dem Geschäft zum ersten Mal aufkam. In meinem eigenen Leben musste ich feststellen, wie schnell Emotionen übersehen oder *falsch interpretiert* werden:

Wie berichtet, sorgte ich mich um ein gutes Auskommen für meine Familie, und mein Ziel war es, den materiellen Reichtum zu stabilisieren. Irgendwann versprach mir eine Frau um die 50, ich könne mit ihrem Multi-Level-Marketing-Geschäft den Clou meines Lebens machen und reich werden. Tief in meinem Innersten spürte ich ein Unwohlsein, das ich angesichts tausender Überlegungen ignorierte. Möglicherweise, so erklärte ich mir, beruhe mein »Unwohlsein« auf meiner Versagensangst, die ich endlich überwinden sollte. Außerdem gab es eine finanzielle Chance, die man nicht unbeachtet lassen durfte. Dass ich die Frau vor mir zwar nett, aber mit dem, was sie sagte, nicht authentisch erlebte, wollte ich in meine Überlegungen zwischen Absage, Chance und Zusage nicht einbeziehen.

Also missachtete ich meine negative Emotion und stieg als »Geschäftspartnerin« ein. Natürlich lernte ich die übergeordneten Geschäftspartner aus München kennen und muss gestehen, dass sich in mir eine positive Emotion verbreitete. Zum ersten Mal spürte ich ein Gefühl von Authentizität zum Geschäft und entwickelte die Hoffnung auf ein gemeinsames Ziel. Durch diese Münchener Vorbilder hätte ich an das Produkt und die Ur-Idee anknüpfen können. Unternehmensbedingt war ich jedoch an jene 50-jährige Frau gebunden, deren Authentizität ich mehr und mehr vermisste. Mein ständiges negatives Gefühl überdeckte ich mit dem Gedanken an die Münchener Vorbilder – bis zu dem Zeitpunkt, an dem ich von der Frau folgendes zu hören bekam: »München hat mit mir etwas ganz Großes vor. Ihr seid alle nur die Mitläufer.«

Diese Aussage, wie wir als »Geschäftspartner« gesehen wurden, war mir dann doch zu viel, und ich wollte mich aus den Fängen der Illusionen befreien. In dem Moment, da ich München signalisierte, aussteigen zu wollen, ergaben sich Gespräche, die mich wieder an die Authentizität der Münchener glauben ließen. Die Folge war, dass ich einem anderen Paar, das mein »Mentor« sein sollte, zugeteilt worden bin. Dieses Paar war mir lange Zeit sehr sympathisch, und mir fehlte die Vorstellung, irgendetwas könne schieflaufen. Sie lebten einen Traum, den ich jahrelang unterdrückt hatte. Ihre Liebe zueinander schien echt und intensiv, ihre Gemeinsamkeit galt ihrer Pension und den Pferden, und das Multi-Level-Marketing-Geschäft betrieben sie aus voller Überzeugung. Alles schien so stimmig, und ich wollte mich in ihrer Nähe wohlfühlen. Dass ich im Körper negative Impulse verspürte, tat ich mit der unausgesprochenen Sorge, ich könne vielleicht neidisch sein, ab.

Es blieb dabei, dass ich mich wohlfühlen wollte, denn es gab keinen Makel an dem Paar zu entdecken. Ich redete mir ein, selbst erfolgreich werden zu müssen, damit mein vermeintliches Neidgefühl sinnlos werden würde. Also kämpfte ich gegen mein falsch interpretiertes Körpergefühl bis zu einem bestimmten Augenblick an. Meine tiefe Verbundenheit und Liebe zu Pferden, die ich aufgrund meiner sozialen Anpassungsfähigkeit nie ausgelebt hatte, drängte an die Oberfläche. Das Pärchen zeigte mir ein besonders schönes Fohlen, und ich war fest entschlossen, alles zu tun, um dieses Fohlen kaufen zu können. Auf meine Anfrage erklärte mir die junge Frau, sie könne sich unmöglich von dem Fohlen trennen. Keine 14 Tage später war das Fohlen jedoch nicht mehr auf dem Hof, und die junge Frau erklärte mir ausführlich, dass sie es nur an jemanden verkaufen konnte, dem sie absolut vertraue.

Damit war mir das Schauspiel angeblicher Freundschaft bewusst, und diese tiefe Verletzung begleitete mich lange Zeit. Ich hatte meiner negativen Emotion nicht vertraut. Anstatt dieses Warnzeichen richtig zu interpretieren und mich zu distanzieren, hatte ich mich mit selbstzerstörerischen Gedanken des Neides bezichtigt.

Unsere Emotionen sind, wie schon erwähnt, eine Art Navigationsgerät und verraten uns, welche Erfahrungen gut und welche schlecht für uns sind. Leider erklären wir uns beide Emotionen, positive wie negative, zu schnell auf der Basis situativer Anlässe anstelle universeller Hinweise. Darin besteht das Missverständnis zwischen individuellem und universellen Denken. Dabei ist dieses natürliche Navigationssystem ein wichtiger Leitfaden zu unserer Lebensaufgabe. Nur durch Achtsamkeit wird es möglich, die Emotionen ohne einen ersten Gedanken wahrzunehmen. Der persische Dichter und Gelehrte Dschalad ad-Din ar Rumi (1207-1273) sagte:

»Du hast eine Aufgabe zu erfüllen. Du magst tun was du willst, magst hunderte von Plänen verwirklichen, magst ohne Unterbrechung tätig sein – wenn du aber diese eine Aufgabe nicht erfüllst, wird alle deine Zeit vergeudet sein.«

Nachdem ich erkannte, dass der erste Gedanke die spürbare Emotion in ein Gefühl verwandelt und damit eine Kettenreaktion loslöst, begann ich mit meiner **Gedankenhygiene**. Zunächst achtete ich bewusst auf meine Gedanken, um sie willentlich positiv auszurichten. Zeitgleich gewöhnte ich mir an, auf mein

Körpergefühl zu achten. In dem Moment, da ich eine negative Emotion verspürte, rief ich mir innerlich *»stop«* zu. Das gab mir Zeit, darüber nachzudenken, was diese negative Emotion mit mir zu tun habe. Erstaunlicherweise folgten intuitive Erklärungen. Ohne große Begründungen spürte ich, wann und wo ich mich einfach nur zurückziehen sollte. Ähnlich erging es mir mit den positiven Emotionen: Indem ich sie mir mit einem innerlichen *»Hurra«* bewusst machte, lernte ich schnell, worüber ich mich freuen konnte.

Im alltäglichen Leben erscheint es oft schwierig, die universellen Impulse, die wir als Emotion wahrnehmen, sofort zu erkennen und richtig einzuordnen. In meinem Leben war es die jahrelange Existenzangst, die mich in die Irre geführt hatte. Der Gedanke, unterzugehen, hatte sich bereits so stark als Gefühl ausgebreitet, dass eine Trennung zwischen Emotion und Gefühl kaum noch möglich schien. Erst meine Gedankenhygiene ließ mich durch die bewusste Ausrichtung, positiv im Hier und Jetzt verweilen, sowie die Angst eindämmen. Angst ist weit verbreitet und produziert viele negative Gefühle. Würden Sie zum Beispiel glauben, dass Neid auf Angst zurückzuführen ist? Versuchen Sie, sich in dieses Gefühl Neid hineinzuversetzen. Es geht offensichtlich um zwei Details: einerseits um den anderen Menschen, andererseits um ein Produkt. D.h. ein Mensch besitzt ein Produkt, dass Sie gerne hätten. Versuchen Sie nun, ein Gefühl für das Produkt zu entwickeln, ohne an den anderen Menschen zu denken. Spüren Sie Neid oder Verlangen? Vielleicht spüren Sie die Freude, sich das Produkt kaufen zu wollen oder die Traurigkeit, es nicht zu besitzen. Die Vorstellung, dass ein anderer etwas besitzt, das Ihnen selber fehlt, führt zu einem Konkurrenzdenken und folgerichtig zu Neid.

Dieses Konkurrenzdenken basiert auf der Angst, unterlegen oder minderwertig zu sein. Eine zweite Möglichkeit ist das Empfinden von Traurigkeit, weil der andere etwas besitzt und Sie nicht. Dieses Gefühl ist ebenfalls die Sehnsucht nach Wertigkeit. In einem Todesfall basiert die Traurigkeit eher auf dem Gedanken, verlassen zu sein.

Sollten Sie bei dem Gedanken an das Produkt den Wunsch empfunden haben, dieses auch besitzen zu wollen, kann ich Ihnen nur gratulieren. Etwas besitzen zu wollen, verweist auf den Wunsch nach Wachstum und damit auf Liebe. Jeder Wunsch, etwas besitzen zu wollen, ob ideell oder materiell, bedeutet, dieses Detail oder Produkt wertzuschätzen. Machen Sie sich bewusst, dass die *Wertschätzung* ein Teilbereich der Liebe ist und mit dem Urprinzip des Lebens übereinstimmt. Aus diesem Grunde können Sie sich über Dankbarkeit, Wertschätzung, Freude und Liebe immer mit der universellen Kraft verbinden. Das Wertschätzen bestimmter Vorbilder, die zum Beispiel besonders gut singen, malen, reden oder spielen, verbindet Sie mit dem Universellen. Seien Sie dankbar, wenn Sie es erkennen. Vielleicht zeigt Ihnen das Universelle gerade, was in Ihnen steckt.

Bedenken Sie immer, dass der Mensch um Ecken denkt, nicht aber der universelle Geist. Wenn Ihnen das Universum positive Emotionen sendet, während Sie mit einem wohlhabenden Menschen sprechen, könnte das heißen: »Du bist genauso wertvoll. Freue Dich, diesen freundlichen, wohlhabenden Menschen kennenzulernen. In Dir steckt genauso viel Freundlichkeit und Reichtum.« Fangen Sie in einer solchen Situation nicht an, zu hinterfragen, was Sie tun müssen, um dem Reichtum des wohlhabenden Gesprächspartners nachzueifern. Das sind Stress- und Neidgedanken. Auf diese Weise werden Sie nie reich. Sie sind nicht der andere und sein Geschäft ist vielleicht nicht Ihr Geschäft. Sie beide verbindet der innere Reichtum, während der Wohlhabende es bereits präsentieren kann, kommt es von jetzt an, da sie ihren inneren Reichtum freudig anerkennen, auch zu Ihnen. Achten Sie weiter auf Ihre Emotionen. Jede positive Emotion bringt Sie ein Stück in Richtung Ihrer Lebensaufgabe. Musik voller Freude zu hören, ist etwas anderes als durch Musik reichwerden zu wollen. Trennen Sie die Emotionen »Schöne Musik« und »Reichtum«. Freuen Sie sich jetzt wie ein kleines Kind über die schöne Musik, und später lauschen Sie in Ihr Inneres, was Ihnen Spaß machen könnte, um Geld zu verdienen. Was Ihnen Spaß macht, bringt Reichtum. Lernen Sie, in verschiedenen Situationen achtsam mit Ihren Emotionen umzugehen.

Der Mathematiker Kurt Gödel unternahm eine interessante Rekonstruktion des aus etwa 1055 n. Chr. stammenden Gottesbeweises von Anselm von Canterbury (1033-1109; Theologe, Erzbischof, Philosoph). Beide kommen zu dem Schluss, »Gott-ähnlich-sein« sei eine positive Eigenschaft. Erinnert Sie dies an Harald Wessbecher? Er schreibt, dass die Anziehungskraft immer vom Positiven ausgeht.

Aus eigener Erfahrung bin ich überzeugt, dass die universelle Kraft alles Positive verstärkt. Insofern ist es logisch, dass positive

Emotionen besonders richtungsweisend sind, während negative zum Innehalten aufrufen. Natürlich wird es immer Menschen geben, die der Meinung sind, man könne nicht durchweg positiv leben oder denken. Dem wage ich insofern zu widersprechen, als dass physische Lebensumstände vom eigentlichen SEIN zu unterscheiden sind. Damit meine ich, dass selbstverständlich auch unschöne Situationen auftauchen können. Die Frage ist jedoch, wie wir damit umgehen. Die negative Emotion ruft ganz deutlich: »Stop. Zieh Dich da raus.« Und nun müssen Sie nur noch korrekt handeln.

Angenommen, Sie ärgern sich über Ihre Kollegin, die mal wieder nur die Hälfte ihrer Arbeit erledigt hat. Was nützt Ihnen dieser Ärger? Ändert sich die Kollegin dadurch? Spürt sie Ihre Bauchschmerzen des sich Ärgerns am eigenen Leib? Vielleicht finden Sie jetzt tausend Ausreden, warum Sie sich weiter ärgern müssen. Aber wollen Sie sich ständig davon überzeugen, wie schlecht es Ihnen mit der Kollegin geht? Betrachten Sie Ihre eigene Arbeitsweise. Sie arbeiten gut und tüchtig, was machbar ist und haben das Recht, sich über die herrliche Büropflanze zu freuen, die so wunderbar blüht. Geht es Ihnen damit nicht viel besser? Und nun beginnen Sie zu fantasieren, mit welchem Typ Arbeitskollegin Sie zusammenarbeiten möchten. Tun Sie innerlich so, als sei dort Ihre Traum-Arbeitskollegin vor Ihnen. Ihre Fantasien kann Ihnen niemand nehmen. Üben Sie diese Haltung einfach und danken Sie dem Universum, dass Sie so vorgehen können. Das Universum wird Sie dafür belohnen. Wahrscheinlich wird Ihre Arbeitskollegin eines Tages versetzt oder Sie finden eine bessere Stelle.

Mit dem Ringen um Anerkennung ist es ebenso. Vielleicht gibt es einen Menschen, der für Sie wichtig ist und der Ihnen ständig vorhält, wie minderwertig und nichtsnutzig Sie seien. Das kann sehr weh tun und ist ein starkes Zeichen, dass Sie sich von dessen Meinung, vielleicht aus dessen Leben, verabschieden müssen. Schauen Sie genau hin. Vielleicht geben Sie dem anderen in seiner Meinung insgeheim recht. Dann sollten Sie überlegen, ob Sie sich in dem richtigen Geschäft, in der richtigen Beziehung oder auf dem richtigen Lebensweg befinden. Eine negative Emotion zeigt Ihnen regelmäßig das Stoppschild. Ein wirklich emotional »reicher« Mensch, der seinen »Wert« aus einer tiefen inneren Glückseligkeit bezieht, und dadurch wirklich anerkennenswert ist, würde Sie niemals kränken.

Indem Sie sich Ihrer Gedanken bewusst werden und Ihre Emotionen mit dem Satz, *»was hat das mit mir zu tun?«*, hinterfragen, wird es Ihnen gelingen, Ihr Leben positiv auszurichten. Diese Frage ist neutral und dringt ins Unterbewusstsein, während jedes andere Wort nur in eine Bewertung führt und weitere Gefühle schürt. (s. Kap. III, Klang-Schwingungen). Darin liegt die Antwort auf die noch offene Frage, wie man aus einer Negativ-Gedanken-Kette ausbrechen kann.

Angenommen, Ihr ärgster Feind käme Ihnen entgegen – würde Ihnen dann nicht ein negatives Empfinden durch den Körper fließen? Was würden Sie in dem Moment unweigerlich denken? Vielleicht ginge Ihnen nur »Idiot« durch den Kopf? Je nach Typus verdrängen Sie das Erlebte schnell oder Sie denken erneut über diesen »Idioten« nach. In jedem Fall bleibt ein negatives

Empfinden zurück. Nun gehen Sie diese Situation erneut durch und stellen Sie sich vor, Ihr ärgster Feind käme Ihnen entgegen. Fragen Sie sich jetzt bitte, »was hat das mit mir zu tun?«, und warten Sie ab. Vielleicht müssen Sie den Satz wiederholen, um einem anderen negativen Gedanken den Weg zu versperren. Lassen Sie keinen anderen negativen Gedanken zu. Wiederholen Sie einfach, »was hat das mit mir zu tun?« Ich bin sicher, dass Ihre negative Ursprungsemotion sich schnell auflöst. Natürlich ist das eine Übungssache, die man willentlich forcieren muss, sobald man sich entscheidet, nur noch positiv und glücklich leben zu wollen. Aber es lohnt sich, denn auch das Positive resümiert in einer Kettenreaktion.

Anfangs benötigte ich auch etwas Zeit und Übung, um mein »Navigationsgerät« kennenzulernen und zu bedienen. Zum Beispiel hatte ich an einem Vormittag trotz der ständig anklopfenden Stop-Emotionen derart stark durchgearbeitet, dass ich anschließend kaum noch zur Ruhe kam. Nervös und hektisch plante ich zwischenzeitlich meinen Einkauf, um anschließend ohne Pause weiterarbeiten zu können. Die Pannen blieben nicht aus. An der Kasse musste ich derart lange anstehen, dass ich nur noch dachte: »Verdammt noch mal, muss das jetzt sein?« Ja, es musste sein. Doch das war erst der Anfang. Nachdem ich endlich durch die Kasse kam, stellte ich fest, dass mein Auto zugeparkt war. Ich konnte nicht einmal einsteigen. Es machte mich rasend, und die Folge war natürlich, dass ich später, nachdem ich losfahren konnte, einen kleinen Eckpfeiler »mitnahm«. Damit hatte die arme Seele Ruhe. Meine körperliche Anspannung sackte zusammen. Es machte keinen Sinn mehr, mich zu beeilen, denn der Nachmittag war fast vorbei, und nun brauchte ich umso mehr Ruhe. Ich entschied mich zu einem Waldspaziergang und dachte darüber nach, was das alles mit mir zu tun hätte. Wie vom Blitz getroffen war mir plötzlich klar, dass ich am Morgen meine Körpersignale einfach übersehen hatte. Anstatt meiner negativen Emotion »Stop. Hör auf« zu folgen, übertönte ich diese mit hektischen Überlegungen zum Einkauf und Arbeitsstrukturierung. Aus den negativen Emotionen hatte ich negative Gefühle werden lassen und das Universum verordnete Zwangsruhe.

Wenn Sie sich positiv ausrichten möchten, gehört es dazu, eine innere Harmonie herzustellen, die alle möglichen Störfaktoren übersteht. Wie denken Sie zum Beispiel über Ihre Kindheit, Ihre Jugend, Ihre Ehe, Ihre Kinder? Prüfen Sie einfach, ob es positive oder negative Gefühle sind. Blocken Sie bewusst alles Negative und bleiben in den positiven Gefühlen.

Mir ist klar, dass dies vor allem dann nicht immer ganz einfach ist, wenn negative Gefühle die Kindheit, Jugend- oder Erwachsenenzeit begleitet haben. Aber auf Ihrem Weg zur absoluten Glückseligkeit werden Sie mit allem, was war und ist, Frieden schließen, denn der universelle Geist ist gründlich. In der Bibel findet sich der Hinweis: »Lasst los, und ihr werdet losgelassen werden.« (Lukas 6,37)

Wenn wir lernen, unsere Werkzeuge Geist (Spiritualität/Vertrauen), Impuls (Emotion/Hinweis), Verstand (Denken/Handeln) mit unserem Medium Körper frei von Angst, Groll, Hass, Wut, Trauer und Schuldzuweisungen zu nutzen, zieht eine Magie in das Leben ein. Dann beginnt das Verständnis, warum wir Menschen alles haben dürfen, was wir uns (wahrhaftig) wünschen – innen wie außen.

Essenz

1. Der universelle Geist ist eine liebevolle Instanz und öffnet viele Chancen, das Leben positiv auszurichten.

2. Verantwortungsloses Vertrauen und egobestimmtes Handeln sind Irrwege.

3. Emotionen weisen uns ständig darauf hin, was für uns gut oder schlecht ist.

4. Der universelle Geist interessiert sich für das Gefühlsleben, nicht für die egobezogenen Überzeugungen.

5. Emotion und Gedanke führen zu einem Gefühl. Ein wiederkehrendes Gefühl, wird zur Überzeugung.

6. Das menschliche »Navigationsgerät« basiert auf der Emotion Liebe und Angst.

7. Aufmerksamkeit schärft die Wahrnehmung von Emotionen. Ein erster negativer Gedanke führt auf den Irrweg.

8. »Gott-ähnlich-sein« ist eine positive Eigenschaft.

9. Das Loslassen von negativen Erfahrungen und negativem Denken ist von großer Bedeutung.

Quintessenz:

Der universelle Geist ist positiv und braucht etwas, um Erfahrungen machen zu können. Dieses »etwas« ist der Mensch. Der Mensch versteht sich nicht als universelles »Etwas«, sondern als eigenständige Persönlichkeit mit der Fähigkeit zu bewerten. Dadurch hat sich der Mensch vom universellen Geist entfremdet. Sendet der universelle Geist Impulse in Form von Emotionen, versteht der Mensch diese als positiv und negativ. In seiner Bewertung bezieht er positiv und negativ auf einen situativen Anlass. Daraus ergibt sich das große Missverständnis zwischen dem universellen und individuellen Daseins-Verständnis. Der universelle Geist bewertet nicht, sondern lenkt seinen Menschen mit den Impulsen »stop« und »hurra« zur Lebensaufgabe.

VII. Verstand und Vernunft sind die Werkzeuge

Wir alle könnten den Himmel auf Erden haben: Reichtum, Liebe, Gesundheit, Glück und Wohlergehen. Es mag sein, dass es Ihnen schwerfällt, diese These zu glauben. Mir ist es jahrelang nicht anders ergangen. Das Leben hatte mich zu lange gelehrt, die Welt »realistisch« zu betrachten.

Erfinder wie Richard Trevithick (1771-1833), der die erste Dampflokomotive erfunden hat, oder Otto Lilienthal (1848-1896) mit seinem ersten Gleitflugzeug wurden lange Zeit verlacht. Den *meisten Menschen fehlte* damals *die Vorstellung*, fliegen oder auf Schienen fahren zu können. Diese *Erfahrungen* hatte schließlich noch niemand gemacht, und so war es ein Gebot von Verstand und Vernunft, die Erfinder zu verhöhnen. Heute scheint es ein Gebot von Vernunft und Verstand zu sein, die Priorität unseres geistigen Wesens sowie entsprechende Nachweise einiger Forscher, Philosophen und Naturwissenschaftler anzuzweifeln.

Viel leichter konnten die Religionen die Menschen zu einem Glauben bewegen. Menschen fühlten sich schon immer mit einer größeren Macht verbunden und suchten nach Erklärungen. Damit knüpften die Religionen an intuitive Informationen an. In der Psychologie wird dies als *emotionale Intelligenz* bezeichnet. Dennoch forderte mein Verstand für alles, was mir unglaublich erschien, lange Zeit (kognitive) Beweise. Der Überlieferung nach soll Jesus gesagt haben:

»Darum sage ich Euch: Alles, worum ihr betet und bittet – glaubt nur, dass ihr es schon erhalten habt, dann wird es euch zuteil.« (Mark. 11,24)

Immer, wenn ich dies in der Kirche hörte, klingelten meine konditionierten Alarmglocken und mein Verstand inklusive Vernunft verkündeten: »Absoluter Quatsch. Das ist unmöglich.« Später las ich Bücher, wie zum Beispiel »Das Erfolgsbuch« von Joseph Murphy oder »Aufwachen, Dein Leben wartet« von Lynn Grabhorn, die eindrucksvoll schilderten, wie sie durch ihre Gedanken, in Verbindung mit tiefem Vertrauen, ihre Wünsche realisieren konnten. Über diese Bücher hatten sich erstmalig *gleichartige Informationen* zu dem mir bereits bekannten Bibelspruch in mein Gedächtnis gegraben. Besondere Aufmerksamkeit erregten die darauffolgenden Bestsellerreihen »Bestellungen beim Universum« von Bärbel Mohr, sowie »Wünsch es Dir einfach« von Pierre Franckh. Ich begann zu glauben, dass etwas Wahres daran sein müsse, wenn so viele Informationen auf das Gleiche verweisen. Dennoch fragte ich mich, wie dieses »Wünsche realisieren« funktionieren könne.

Trotz der vielen Erfolgsgeschichten wollte sich der Bestellerfolg bei mir nicht einstellen. Waren die Hinweise und Bücher dieser Autoren nur auf kommerziellen Gewinn ausgelegt oder könnte die Sache mit den Bestellungen wirklich klappen? Während meine Neugierde das glauben wollte, verweigerten sich Verstand und Vernunft hartnäckig diesen Aussagen. Und so kämpfte ich weiter um meine Existenz – und dass mit Erfolg – wobei der Schwerpunkt hier auf »kämpfen« liegt. Meine Lebenssituation unterstütze meine Annahme, all die Ratgeber über »universelle Bestellerfolge« würden nur dem kommerziellen Gewinn gelten. Doch so schnell gibt der universelle Geist nicht auf und hält seine Schäfchen zusammen. Es steht geschrieben:

»*Welcher Mensch ist unter euch, der hundert Schafe hat und, so er der eines verliert, der nicht lasse die neunundneunzig in der Wüste und hingehe nach dem verlorenen, bis dass er's finde?*« (Lukas 19,10/ Joh. 10,11-12)

Offensichtlich war ich eines dieser verlorenen Schäfchen, denn mein heutiges Leben ist kein Vergleich mehr zu meinem zurückliegenden Existenzkampf. Zu der damaligen Zeit fehlten mir nicht nur wichtige Information, sondern vor allem die Fähigkeit, mein Leben als geistiges Wesen zu begreifen. Dazu fällt mir übrigens folgender historische Text aus Markus 4:11;12 ein:

»*Und er sprach zu ihnen: Euch ist's gegeben, das Geheimnis des Reiches Gottes zu wissen; denen aber draußen widerfährt es alles nur durch Gleichnisse, auf daß sie es mit sehenden Augen sehen, und doch nicht erkennen, und mit hörenden Ohren hören, und doch nicht verstehen, auf daß sie sich nicht dermal einst bekehren und ihre Sünden ihnen vergeben werden.*«

Weder mein Verstand noch meine Vernunft hatten eine Ahnung davon, was Pythagoras über unseren Körper als Resonanzkörper gemeint hatte. Unsere menschlich-soziale Konditionierung ist derart perfekt, dass wir dem physischen Leben mehr Aufmerksamkeit schenken als dem spirituellen. Wie würde es Ihnen gehen, wenn ich Ihnen sagte, dass wir hier in dieser dreidimensionalen Welt gar nichts zu sagen haben? Einige »gläubige« Menschen würden nun vielleicht erklären, wir seien nur Gast auf Erden. Ich kann und will an dieser Stelle nicht kontern, denn ich weiß, dass jede meiner Antworten erschreckend sein würde.

Um halbwegs eine Antwort geben zu können, verweise ich auf Immanuel Kant, der bereits im 18. Jahrhundert fragte: »Was ist der Mensch?« Bitte beachten Sie, dass er nicht fragte, »wer«, sondern »was«. Viel interessanter ist Kants Aufforderung, »*habe den Mut, dich deines eigenen Verstandes zu bedienen.*« Diesen setzen wir zu oft tunnelförmig und ohne emotionale Intelligenz ein. Vielleicht bin ich nun etwas provokant, aber ich wünsche Ihnen allen Reichtum der Welt. Reichtum für jedermann ist gottgewollt. Ob Sie dies glauben können oder nicht, sei dahingestellt. Dennoch gehört es mit zu unserer Lebensaufgabe, an Reichtum zu gewinnen. Bis zum Ende dieses Buches hoffe ich, Sie davon überzeugen zu können. In diesem Sinne würde ich Kants Forderung lieber mit dem lateinischen »*Sapere aude*« (Wage es, weise zu sein) ersetzen.

Natürlich habe auch ich diesen feinen Unterschied dank meines vernünftigen Verstandes jahrelang nicht begriffen. Fest verankert in dem Glauben, Reichtum stünde mir nicht zu und mein Verstand sei ausschließlich zur Regulierung meines physischen Daseins vorhanden, kämpfte ich um meine Existenz. Mein **Verstand** war in der *konditionierten* Realität eingerastet ohne zu wissen, wie die Werkzeuge Verstand, Vernunft und Willen korrekt einzusetzen sind. Ich hatte gelernt, mein Leben über »vernünftiges« Nachdenken der gesellschaftlichen Norm anzupassen. Vom *spirituellen Vorausdenken* kannte ich nichts. Dass sich beim Denken die Vernunft einstellt, ist sicherlich weithin bekannt. Weit weniger Beachtung scheint die Tatsache zu finden, dass die Vernunft ausschließlich auf konditionierte, sozialisations- und kulturbedingte Erfahrungswerte zurückgreift, wodurch sie den Verstand erheblich einengt. Dabei ist es der Vernunft ziemlich gleichgültig, ob sie auf eigene oder fremde Erfahrungswerte zurückgreift.

Zum Beispiel würden Sie nicht ohne einen Fallschirm aus dem Flugzeug springen, da Ihnen die Vernunft bescheinigt, dass dies tödlich enden würde. Was aber würde Ihnen die Vernunft raten, wenn Ihnen ein Sprung aus dem Flugzeug mit dem Fallschirm angeboten wird? Gut, dazu gibt es viele Antworten. Eine wäre, dass es zwar Spaß machen könnte, jedoch zu gefährlich erscheint. Vernünftigerweise sollten Sie nicht springen. In diesem Fall verzichten Sie auf den Spaß, da die Vernunft einen fremden Erfahrungswert in den Vordergrund stellt. Im Grunde sind *Verstand, Vernunft und Wille* eine perfekte Lösung, um das *Navigationsgerät »Emotion-Gedanke-Gefühl-Überzeugung«* zu lenken. Nur leider nutzen wir Menschen diese *Werkzeuge* nicht im Sinne unseres universellen, sondern individuellen, physischen Daseins. Anstatt uns an dem Lebensspaß zu orientieren, folgen wir (unbegründeten) Ängsten. Dr. Warnke nennt in seinem Buch »Quantenphilosophie und Interwelt« den Ausdruck »Eigenleben«. Dieser trifft, wie man sagt, des Pudels Kern. Der Mensch hat sich verselbstständigt und über das kognitive Denken ein Eigenleben aufgebaut. Wie an anderer Stelle bereits erwähnt, haben wir vergessen, dass wir Gedankengebilder des alles durchströmenden Geistes sind, geschaffen, um diesem Erfahrungen zu ermöglichen. Insofern missbrauchen wir unsere Werkzeuge Verstand, Vernunft und Wille für unser personalisiertes Dasein.

Stellen Sie sich zum Beispiel vor, Sie sitzen mit einer negativen Emotion allein zu Hause, während draußen die Sonne scheint. Ihre Emotion hält Ihnen also ein Stoppschild vor: umkehren, glücklich sein. Dass die Sonne scheint, stimmt Sie glücklich, und Sie würden am liebsten raus und zum Straßenfest gehen. Diese Emotion »Positiv« hat sich mit Hilfe Ihres Verstandes zu dem Gedanken durchgesetzt: »Geh raus und habe Spaß«. Bravo. Sofort kommt Ihre Erfahrung als Vernunft um die Ecke und erklärt Ihnen, warum Sie auf keinen Fall alleine auf das Fest gehen sollten: »Da bin ich alleine und keiner hat mich lieb.« Vielleicht nimmt Ihr Verstand, dem viele Denkoptionen zur Verfügung stehen, noch einmal den Anlauf: »Los, geh hin, da lernst Du neue Leute kennen.« Bravo. Doch blitzschnell erklärt Ihnen Ihre Vernunft, dass es zweckmäßiger sei, das Geld für ein Bier zu sparen, denn alleine ein Bier trinken können Sie auch zu Hause.

Ist das nicht *im Sinne* unseres *personalisiert-physischen Lebens* äußerst *vernünftig*? Der universelle Geist, der sich angesichts Ihrer negativen Ausstrahlung schon längst verabschiedet hat, wird sich allerdings fragen, warum Sie nicht dem inneren Freudenschrei, »rausgehen und Spaß haben«, gefolgt sind. Wieso haben Sie diese Chance verstreichen lassen? Vielleicht, weil das personalisierte Leben Ihnen Angst gemacht hat, allein zu sein unter vielen? Aber ich kann Sie trösten. Der universelle Geist wird sich nicht so lange mit Ihren personalisierten sozialisierten Begründungen und Sorgen beschäftigen. Seine Suche nach Glücksgefühlen war erfolgreich. Der universelle Geist hat sich vernünftigerweise für das Rausgehen mit Spaß entschieden. Es ist die konditionierte Vernunft, die vom Weg abgewichen ist, und ihre Aufgabe versäumt. Die Vernunft hat gelernt, den Menschen vor negativen Erfahrungen schützen zu wollen, anstatt ihn zum Glücklichsein zu bewegen.

Wir können also festhalten, dass die *ursprüngliche Aufgabe der Vernunft darin besteht, das positive Empfinden zu bestärken.* Während der Verstand verschiedene Optionen unterbreitet, hat die Vernunft den Fokus auf Lebensfreude und Horizonterweiterung zu richten. Ab dieser Entscheidung hat der Verstand den Willen aufzufordern, dieser positiven Lebensaufgabe zu folgen: Wachstum im Bereich glücklicher Gefühle und neuer Erfahrungswerte. Wer sein Leben im Sinne des universellen positiven Wachstums verändern möchte, wird nicht umhinkommen, seinem Verstand und der Vernunft diese Regeln beizubringen.

Mich hat meine Vernunft zum Beispiel davon abgehalten, ein Pferd zu kaufen. Mit 19 Jahren wollte ich mir anstelle eines Autos ein Pferd zulegen und wieder Mitglied im Reitverein werden. Das hätte mich sehr glücklich gemacht. Erst nachdem ich eine Box im Verein gemietet hatte, berichtete ich meiner Familie und Kollegen von meinem Vorhaben. Die Einwände, die mir daraufhin entgegenflatterten, packten mich an der richtigen Stelle, nämlich an meinem damals mangelndem Selbstbewusstsein. Mein Zugehörigkeitsgefühl zu meiner gewohnten Familien- und Freundesstruktur folgte den vernünftig erscheinenden Einwänden dieser konditionierten Lebensform. Die *Angst* vor sozialer Ausgrenzung mit dem Merkmal, »unnormal« zu sein, führte Regie. Der Verstand, der viele Gründe für den Kauf eines Pferdes aufzählte, wurde durch die angstbesetzte Vernunft ausgehebelt. Der Spaß blieb auf der Strecke, und an Stelle des Pferdes kaufte ich, sach- und zweckdienlich, ein Auto.

Im Übrigen schleuderte mir der universelle Geist meine vernunft-bezogene *(Fehl-)Entscheidung* lange um die Ohren. Mein Onkel Egon, der seiner Passion Segeln in vollem Umfang nachging, begrüßte mich ständig mit den Worten »Na, Du Reiterin!« Immer wieder, wenn er diese freundschaftlich gemeinten Worte zu mir sagte, setzte mein Verstand mit der Frage ein, warum ich mich gegen das Pferd entschieden hatte. Interessanterweise blieb die Vernunft in diesen Momenten still. Tatsächlich hielt mir mein Verstand jedes Mal vor Augen, dass ich zu feige gewesen bin, meinem ureigensten Wunsch zu folgen. Erinnern Sie sich an meine Worte im Abschnitt VI.: »Menschen bekommen ständig Chancen, um das Leben zu verändern.« Mein Onkel Egon, den ich im Übrigen sehr schätze, war einer der Impulse, die mich an meine Passion, ein Pferd kaufen zu wollen, erinnert haben.

Giacomo Casanova soll gesagt haben: »**Die Vernunft ist des Herzens größte Feindin.**« Die Schriftstellerin Elizabeth Gaskell (1810-1865) meinte: »*Ich achte nicht auf die Vernunft. Die Vernunft empfiehlt immer das, was ein anderer gern möchte.*« Diese Geschichten zeigen drei verschiedene Wege, mit der Vernunft umzugehen. Casanova nutzte sie als Entschuldigung, Gaskell lehnte die Vernunft ab, und für mich war sie das Absolute. Die Gemeinsamkeit hinter allen Geschichten ist die **Angst**, sich mit seinem SEIN nicht behaupten zu können. Genau für dieses Problem entwickelte die amerikanische Lehrerin und Bestsellerautorin Byron Katie (geb. 1942) eine Therapiemethode, die sich »The Work« nennt. Diese Methode beschreibt sie eindrucksvoll in ihrem Buch »**Lieben was ist**«. Vielleicht provoziert der Titel schon beim Lesen eine Antipathie, denn wie soll man etwas lieben, das im eigenen Leben negativ erscheint? Mir kam er ebenso absurd vor wie der Bibelspruch:

»*Ich aber sage euch: **Liebet eure Feinde**; segnet, die euch fluchen; tut wohl denen, die euch hassen; bittet für die, die euch beleidigen und verfolgen.*« (Matth. 5,44)

Obwohl Byron Katie mit ihrer Therapie-Methode nicht unbedingt auf die Bibelaussage abzielt, haben beide viel miteinander zu tun. Die Amerikanerin bezieht sich ausschließlich auf die individuell-subjektive Wahrnehmung. In meinem Fall hätte die Therapeutin meine Aussage, ich sei gesellschaftlich nicht angesehen, wenn ich ein Pferd kaufte, hinterfragt: »Ist das wirklich wahr?«. Sie hätte ihre Fragen weiter aufgebaut bis zu meiner Selbsterkenntnis, dass mich lediglich meine Gedanken in die Irre geführt haben. Es gibt genügend Menschen, die sich lieber ein Pferd anstelle eines Autos kaufen. Ich befand mich lediglich in einem Umfeld, das anders dachte. Infolge wäre es denkbar gewesen, mein Leben in dieser Gemeinschaft weiterzuführen, indem ich meine Art zu leben mit eingebracht hätte.

Der zuvor genannte Bibelspruch (Math. 5,44) stammt aus einer anderen Zeit und zeigt auf, dass es nicht nur die eigenen Sichtweisen gibt. Die Beurteilungen, ob es sich grundsätzlich um »Feinde« handelt, mag vielleicht der damaligen Zeit entsprungen sein, weil es die Toleranz einer anderen Lebensform gegenüber kaum gab. Dennoch behandelt der Spruch das gleiche Thema. Der Verstand mag das Für und Wider anderer Lebensformen ergründen, doch die **Vernunft lehnt das Ungewohnte** ab.

Ein erschreckendes Beispiel erlebte ich mit einer Dame, die ich beruflich kennenlernte. Sie war seit Kindertagen der festen Überzeugung, alle Welt wäre ihr gegenüber gemein und schlecht. Nachdem sie für ihren Umzug den Lageplan ihrer neuen Wohnung erhalten hatte, zeigte sie mir diesen und erklärte: »Hier werde ich wohnen, und dort wohnt Feind Nummer eins und auf der anderen Seite Feind Nummer zwei. Da ich nun mittendrin wohne, werde ich mir eine Pfefferspraydose zulegen.« Im Gespräch stellte ich fest, dass sie weder die Gegend noch die neuen Nachbarn kannte. Sie ging aufgrund alter Erfahrungen und Überzeugungen einfach davon aus, dass jeder Mensch ihr Feind sei. Dieser Frau erschien es vernünftiger, sich ein Pfefferspray zuzulegen, anstatt die neuen Nachbarn kennenzulernen.

Gewohntes vernunftbezogenes Denken schränkt den Verstand und damit die Fähigkeit, zwischen Denkmöglichkeiten zu wählen, ein. Können sich verschiedene Welten beziehungsweise Weltanschauungen mit der Frage, »wie und was lebst Du?«, gleichberechtigt gegenüberstehen? Vielleicht ist es ein Ziel unseres SEINS, denn der gegenseitige Austausch könnte durchaus sehr effizient sein. Ich bin mir nicht sicher, ob ich meine »Feinde« lieben muss, wenn ich lerne, alles Leben und SEIN gleichberechtigt wahrzunehmen. Gibt es dann Feinde? Oder gelange ich zu der Feststellung, dass alles sein darf, auch wenn es nicht zu meinem Leben gehört.

Das Thema, »Lieben, was ist«, kann äußerst interessant, aber auch brisant sein. Früher hätte ich meinen geschätzten Onkel Egon für sein »Hallo Reiterin«, wie man landläufig schmunzelnd sagt, umbringen können. Niemals habe ich ihn damals dafür geliebt. Im Gegenteil. Heute sehe ich es anders und bin dankbar, denn er hat mir gespiegelt, dass mich meine Vernunft um meinen Herzenswunsch betrogen hat. Ich will damit sagen, dass wir durch unsere »Feinde« (negative Emotion) lernen, an welcher Stelle wir uns von der universellen Liebe (Glücklichsein) getrennt haben. Seien wir also dankbar für all jene Situationen und Menschen, die uns das Stoppschild zeigen: »bitte umkehren.«

Für das *Universum* sind menschliche Beurteilungen und Beweggründe uninteressant, denn es richtet sich *rechnerisch-physikalisch konsequent* auf das Wachstum über Glücksgefühle aus. Ein Impuls fordert uns auf, entweder kreative Wünsche (»hurra, bitte noch mehr«) zu entwickeln oder umzukehren (»stop, kehre sofort um«). Da wir mit der Fähigkeit zu denken ausgestattet sind, sollte es uns leichtfallen, immer bessere Ideen, kreative Lebensphantasien und gigantische Herzenswünsche zu erdenken. Dafür haben wir Verstand, Vernunft und Willen erhalten. Anstatt unserem Schöpfergeist dienlich zu sein und uns in Freude und Horizonterweiterung zu baden, quälen wir uns mit einem physischen Dasein herum, welches unserem beengten dreidimensionalen Geist entspringt.

Die daraus resultierende negative Gedankenkette von Existenzängsten, Kriegsführungen und Schuldzuweisungen scheinen wir gar nicht durchbrechen zu wollen. Wir merken nicht einmal, dass jeder negative Gedanke in doppelter und dreifacher Form zu uns zurückkehrt. (s. Kap. VI.) Wäre es nicht schöner, zu genießen, wie sich positive Gedanken in doppelter und dreifacher Menge in unserem Leben manifestieren? Im Grunde könnte man, da das Universum auf Beurteilungen zu verzichten scheint, seine Impulse mit Morsezeichen vergleichen.

In der Schifffahrt kennt man zum Beispiel das Notsignal SOS: …--- … Möglich wäre, dass das Universum folgende Morsezeichen kennt und nutzt:

Impuls …. ..- .-. .-. .- steht für: »**hurra**, bitte mehr.«

Impuls .-. - --- .--. .--. steht für: »**stop**, kehre um.«

Würde der Verstand diese Morsezeichen kennen, bräuchte er nur die Situation oder den Gedanken zu analysieren, damit sich die Vernunft für das Positive entscheiden kann. In meinem Fall, wo es um den Pferdekauf gegangen ist, könnte sich die Situation so abgespielt haben: Ich liebe Pferde und ich möchte mir eins kaufen. Der Impuls war: hurra. Mein Umfeld wird damit nicht einverstanden sein. Ich sage besser nichts. Der Impuls lautet: stop. Genau an dieser Stelle hätte der Verstand die Aufgabe verschiedene Möglichkeiten zu durchleuchten: Ein Pferd zu kaufen macht Spaß. Dem Umfeld davon zu berichten, macht Angst. Verachtet zu werden macht traurig. Zeit mit dem Pferd macht Spaß. Ausgegrenzt zu werden macht Angst. Das Pferd zum Freund zu haben macht Spaß. Sich durchzusetzen ist Neuland und ungewiss. Sich durchzusetzen könnte befreien. Sich durchzusetzen könnte einsam machen. Sich durchzusetzen könnte ein neues Umfeld und neue Freunde bringen. Die Schwierigkeit des Menschen ist, der Situation 4:4 plus 2:2 ausgesetzt zu sein. Das heißt, die vier Pro- und Contra-Überlegungen heben sich in ihrer Anzahl auf. Ebenso die vier ungewissen Komponenten »ungewiss/befreien« »Einsam/neue Freunde«. Erst jetzt kann die Vernunft aus allen Antworten auswählen. Stünde die Vernunft dem Leben vertrauensvoll gegenüber, hätte sie klar für die positiven Punkte zu entscheiden. Da die Vernunft jedoch ihrer konditionierten Angst folgt, lenkt sie in *altgewohnte* Bahnen. Die *Gewohnheit bremst* zum großen Teil die freie Entscheidung *aus*. Meine Vernunft hätte mir in jedem Fall raten sollen: Bleib der Freude treu. Also wäre die vernünftige Antwort: Pferd kaufen und durchsetzen (Umwelt ignorieren).

Das menschliche Problem besteht darin, sich achtsam zwischen dem geistigen und personalisierten Wesen zu entscheiden. Höre ich da vielleicht Stimmen, die mir zurufen: »Man kann doch nicht immer wie man will?« Im personalisierten sozialisierten Leben trifft der Satz zu. Im universellen geistigen Dasein (vergessen Sie das bitte nicht), das von Liebe getragen wird, kann man tun, was man liebt. Selbst wenn das Tun *zunächst* nur über das Denken und die Vorstellung abläuft. An dieser Stelle gebe ich Ihnen explizit das Wort »zunächst« mit auf den Weg. Es geht mir keineswegs darum, die Sozialisation, die Zivilisation oder die Personifizierung unseres Daseins zu verteufeln. Dieses Leben in unserer dreidimensionalen Welt ist fantastisch, und ich liebe es. Es geht mir darum, ein Bewusstsein zu schaffen, dass wir in der Welt konsequenter universeller Geisteskraft leben, die uns immer wieder vermittelt:

»*Alles, worum ihr betet glaubt nur, dass ihr es schon erhalten habt.*« (Markus 11,24)

Nachdem ich das begriffen hatte, übte ich die Vorstellung ein, meine äußere Welt als Lehrbuch zu betrachten. Inzwischen hatte ich den Satz, »was hat das mit mir zu tun«, verinnerlicht und meine Emotionen unter Kontrolle. Für meinen Verstand und die Vernunft übte ich folgende Sätze ein: »***Will ich das?***« und »***Was will ich denn?***« Erstaunlicherweise entdeckte ich zwei Zitate, die mich in meiner neuen Herangehensweise bestärkten. Der Mitbegründer der Quantenchemie, Linus Pauling (1901–1954), postulierte über die Vernunft folgendes:

»*Wenn der Mensch so viel Vernunft hätte wie Verstand, wäre vieles einfacher.*«

Und besonders eindrucksvoll empfand ich die Aussage des Nationaldichters Franz Grillparzer (1791–1872) der sagte:

»*Der Verstand und die Fähigkeit, ihn zu gebrauchen, sind zweierlei Fähigkeiten.*«

Essenz:

1. Alles Neue scheint zunächst unglaublich, weil keine entsprechenden Informationen und Erfahrungen vorliegen.

2. Die dreidimensionale Welt hat den Verstand in seinem Denken auf das physische Dasein eingeschränkt.

3. Die Vernunft will vor negativen Erfahrungen schützen und verliert ihre wahre Aufgabe aus dem Blick. Gewohnheit schränkt ein.

4. Aus einem Spektrum aller Möglichkeiten haben Verstand und Vernunft die Aufgabe, Glück, Liebe, Wachstum auszusuchen, um die Lebensaufgabe zu erfüllen.

5. Der universelle Geist ist konsequent. Menschliche Beurteilungen interessieren ihn nicht.

6. Die Werkzeuge Verstand, Vernunft und Wille sollten sich mit dem Navigationsgerät Emotion-Gedanke-Gefühl-Überzeugung positiv ergänzen.

7. Es geht nicht darum, einen Feind zu lieben, aber es geht auch darum, niemanden als Feind zu verurteilen.

8. Ratsam ist es, Situationen im Leben als Lehrbuch zu betrachten (Kant: »Habe den Mut, Dich Deines Verstandes zu bedienen«).

Quintessenz:

Als geistiges Wesen kann der Mensch seine Gedanken auf eine gewünschte Zukunft ausrichten. Der Verstand sucht dabei nach vielen möglichen Optionen, und die Vernunft weist in Richtung Wachstum, Glück und Freude. Mit dem Willen verfolgt der individuelle Geist seinen Weg. Das ist die universelle Lebensaufgabe. Der physisch-dreidimensionale Mensch kommt oft von diesem Weg ab.

VIII. Eine Marionette menschlicher Konditionierung

Die vielen Jahre meiner Existenzängste hätte ich mir ersparen können, wäre mir das bisher Beschriebene früher bewusst gewesen. Aber leider war ich ständig damit beschäftigt, die Welt, wie ich sie im Außen wahrnahm, zu begreifen. Von dem universellen Gesetz der Wechselwirkung, das besagt, »wie innen so außen«, hatte ich keine Ahnung. Als ich erkannt hatte, was es bedeutet, diesem Gesetz zu unterliegen, konnte ich nur noch lachen. Ich stellte mir mein bisheriges Leben vor, indem ich ständig versucht hatte, wie eine fremdgesteuerte Marionette auf den laufenden Film meines Lebens Einfluss zu nehmen. Dieses Unterfangen ähnelt dem, sein eigenes Spiegelbild frisieren zu wollen.

Mit unseren Gedanken haben wir Menschen eine für uns begreifliche physische Welt erschaffen. In dieser Überzeugung beziehungsweise Konditionierung leben wir und haben unser geistiges Wesen vergessen. Es ist das Konzept der Konditionierung, kaum an eine andere Wirklichkeit als die *gewohnte Überzeugung* glauben zu können. Insofern fiel es mir trotz aller Informationen noch immer schwer, meine Wünsche und Bestellungen beim Universum zu generieren. In Unwissenheit der universellen Gesetze war mein Leben natürlich mit großen Stolpersteinen gepflastert. Vor allem, weil sich durch die Konditionierungen bestimmte Gewohnheiten, Denk- und Handlungsweisen eingeschlichen hatten. Heute kenne ich einige Konditionierungen, die mich begleitet haben, und es ist noch immer nicht ganz leicht, mich von allen zu befreien. Aber es ist hilfreich, sie zu erkennen. Wir leben in einer Welt voller *Konditionierungen,* die **den Blick auf das Wesentliche verhindern.** Konditionierungen sind ganz bestimmte Reiz-Reaktionsmuster, die schnell ins Unterbewusstsein dringen. Manche Menschen haben Angst vor der Nacht, weil sie als Kind ein bestimmtes Schlüsselerlebnis hatten. Angesichts der nahenden Nacht beschleicht sie eine (Erinnerungs-) Angst als Reaktion. Verstehen Sie, warum es der Vernunft bei dieser Verkettung so schwerfällt, Neues und Ungewohntes anzunehmen?

Der Mediziner, Verhaltensforscher und Nobelpreisträger Iwan Petrowitsch Pawlow (1849–1936) legte mit seiner Forschung über das konditionierte Verhalten von Tieren die Grundsteine für die behavioristische Lerntheorie (behavior = Verhalten). In späteren Jahren entwickelte der amerikanische Lehrer und Psychologe John B. Watson diese Theorie weiter und übertrug sie auf den Menschen. Watson wollte mit seinem umstrittenen Versuch »Little-Albert-Experiment« unter Beweis stellen, dass sich bestimmte Verhaltensweisen und emotionale Regungen antrainieren lassen. In dem Versuch wurde einem neun Monate alten Jungen namens Albert regelmäßig eine weiße Ratte gezeigt. Wollte Albert diese Ratte anfassen, löste Watson einen großen Knall aus. Der Junge erschrak. Später erschrak der Junge nur beim Anblick einer weißen Ratte. Was glauben Sie, wie schwer würde es für Albert sein, umzulernen und einer weißen Ratte ohne Angst zu begegnen? Im Grunde ist die Angst in diesem Fall unbegründet, denn die Ratte hatte ihm nie etwas getan. Ich frage ich heute allerdings, warum solche Versuche nicht im Positiven gemacht werden. Wie würde sich Albert verhalten, wenn er bei jedem Wunsch, den er denkt, ein Geschenk erhalten hätte?

Ungeachtet der Tatsache, dass die heutige Pädagogik das ganzheitliche Lernen favorisiert, also das Lernen mit Verstand, Körper, Sinnen und Gemüt, sind die täglichen Konditionierungen aus dem Leben nicht wegzudenken. Wir Menschen sind schon seltsame Wesen und glauben, vernunftbegabt und selbstbestimmt zu handeln. Dabei orientieren wir uns an der *weitreichendsten Konditionierung*, die es gibt: der Überzeugung, dass wir aufgrund einer *spürbaren Schwerkraft* in dieser materiellen Welt *leben* und handeln. Das wir als *geistige Wesen unser Spiegelbild lenken und leiten*, auf diese Idee kommen wir gar nicht. Und noch weniger kommen wir auf die Idee, dass unser *angsterfülltes Spiegelbild* uns ständig mit konditionierten Sätzen ausbremst: »Das kann ich nicht. Man kann doch nicht. Wie soll das denn gehen?« Vielleicht können Sie sich dieser Meinung nicht anschließen, dass wir in unserer dreidimensionalen Welt der größten Konditionierung unterliegen. Dann frage ich Sie: Würde ein geistiges Wesen aus einer fünf-, sechs- oder zwölfdimensionalen Welt die spürbare Schwerkraft nutzen, um zu handeln?

Uri Geller krümmt keinen Finger, um einen Löffel zu verbiegen. Der niederländische Arzt Victor Minds fasziniert mit derart ungewöhnlichen Phänomenen, dass Fragen der Reihe nach unbeantwortet bleiben. Bereits in den vierziger und fünfziger Jahren staunten Wissenschaftler angesichts des »Pauli-Effekts«: Der Nobelpreisträger Wolfgang Pauli (1900-1958) betrat einen

Raum und prompt vielen technische Geräte aus. Das häufige Auftreten dieses Phänomens in Gegenwart des Physikers ist von diversen Wissenschaftlern dokumentiert worden. Unser konditioniertes Denken über eine physische Welt wird immer mehr durch unerklärliche Phänomene in Frage gestellt.

Ich möchte an dieser Stelle nicht verwirrend oder unglaubwürdig wirken. Immerhin habe ich selber noch erhebliche Verständnisschwierigkeiten mit den höherdimensionalen Lebensformen. Vielleicht reicht es, wenn ich Ihnen aus dem Buch »Unsere 6-Dimensionale Welt« von Diplom- und Astrophysiker Illobrand von Ludwiger ein Zitat präsentiere, um meine These zu untermauern. Mit folgendem Text zitiert Ludwiger den Psychiater Stanislaw Grof zum Thema neuer physikalischer Phänomene, worin sich eine *metaphysische Angst* bedingt:

»Sie beruht auf der Tatsache, dass solche Erfahrungen grundsätzlich Glaubenssätze über die Natur der Wirklichkeit in Frage stellen und untergraben. Wenn die Grundannahmen, die unser tägliches Handeln bestimmen, bedroht werden, ist es meist sehr viel leichter, die Existenz der Wahrnehmung zu leugnen, als dem zu vertrauen, was wir erlebt haben und es anzunehmen. Wenn wir uns also entscheiden müssen, ob wir eine neue Weltsicht annehmen oder unsere Ängste beschwichtigen wollen, wählen wir oft letzteres.« (Grof Bennett)

Mit einfachen Worten ausgedrückt bedeutet dies, dass wir Menschen einfach Angst haben, uns als geistiges Wesen mit den uns zur Verfügung stehenden Kräften zu erkennen. Diese Angst begründet sich darin, dass wir unsere bisherigen Überzeugungen zur Weltanschauung in Frage stellen müssten. Dass der Mensch ein geistiges Wesen ist, habe ich bereits in Kapitel V. erläutert. Dennoch behaupte ich, dass Sie sich als personalisierten Menschen mit einer bestimmten Schwerkraft spüren, fühlen und entsprechend handeln. Und das ist eine Konditionierung.

Aus dem lerntheoretischen Ansatz ist bekannt, dass sich Ängste über die klassische oder operante Konditionierung entwickeln. Dabei verweist der kognitive Aspekt darauf, *dass Angst die Wahrnehmung des tatsächlichen Daseins* als bedrohlich erscheinen lässt. Bereits Sigmund Freud erkannte die innerpsychischen Konflikte zwischen Wünschen und Handeln. Diese Konflikte verdrängt die Psyche auf ein bedeutungsloses Objekt, dem sie ausweichen kann. Einfach ausgedrückt bedeutet dies, dass der Mensch Wünsche hat, sich jedoch nicht traut, diese umzusetzen und erklärt, es sei in der physischen Welt nicht möglich: »Man kann doch nicht einfach …« Die moderne Tiefenpsychologie geht davon aus, dass schockierende Erfahrungen zu tiefliegenden Trennungsängsten und Angst vor Liebesentzug führen können. Dies bringt mich zu der Frage, ob wir während unserer Geburt das Vertrauen zur Ur-Kraft verloren haben. Im Grunde frage ich mich, ab welchem Zeitpunkt wir das **Vertrauen in die Zugehörigkeit zur Urkraft** verloren haben.

Welche Ur-Angst (s. Kap. II.) lässt uns glauben, nur dreidimensional leben zu können, und woher rührt die Ur-Hoffnung unserer Seele, unsterblich zu sein? Als Kind fand ich das Versteckspielen toll. Heute erinnert es mich an das Leben. Wird der universelle Geist mich finden? Oder sollte ich besser fragen: »Lasse ich mich finden?« Bis vor wenigen Monaten hätte ich noch geantwortet: »Nein, ich habe Angst, gefunden zu werden, denn ich habe die Wünsche des universellen Geistes nicht erfüllt. Ich habe nicht vertraut und meine Emotionen nicht in Wünsche umgesetzt.« Heute, nachdem ich die größte aller Konditionierungen kenne, freue ich mich über alle positiven Emotionen und schneidere wie ein kleines Kind die herrlichsten Träume daraus. Welcher von diesen Träumen dem universellen Geist gefällt, überlasse ich ihm. Doch das positive Träumen versetzt mich in eine Welt voller Glückseligkeit, die sich in meinem physischen Leben widerspiegelt. Wovor sollte ich Angst haben? »Hurra, liebes Universum, hier bin ich.«

Die Schwerkraft »Mensch« zu spüren, ist der Reiz. Als Mensch eingeschränkt zu handeln und zu denken, ist die Reaktion. Ich gebe zu, dass das Begreifen dieser Konditionierung nur aus einer höherdimensionalen Betrachtung unserer Welt möglich ist. Es sei denn, man lernt, den Informationen vieler Naturwissenschaftlern, Philosophen und Psychoanalytikern zu *vertrauen*. Denn das *Wissen* um unser geistiges Dasein ist von enormer Bedeutung. Nur wenn wir akzeptieren können, dass wir geistige Wesen in einer konditionierten Welt sind, beginnen wir, uns der Wirklichkeit anzunähern. Der Ingenieur Jörg Starkmuth beschreibt die unterschiedlichen Dimensionen anschaulich in seinem Buch »Die Entstehung der Realität«. Bleiben wir erst einmal bei dem Konsens, dass wir uns von bestimmten Konditionierungen nicht freisprechen können. Konditionierungen haben sich über Jahrtausende entwickelt. Die Frage ist nur, wie achtsam wir heute damit umgehen. Über die Konditionierung der Bestrafung hat der Mensch zum Beispiel gelernt, Konflikte mit Schuldzuweisungen zu verlassen, die er gegen sich selbst oder andere richtet.

Stellen Sie sich ein Kind vor, dass im Streit mit einem anderen Kind versehentlich den Pudding von Tisch geworfen hat. Reagieren die Eltern verständnisvoll, wird das Kind zwar kein besonders positives Gefühl verspüren, aber die Erleichterung ersetzt ein mögliches Angstgefühl. Das Vertrauen zu den Eltern wächst. Dennoch bleibt die leichte, sicher nicht bedeutungsvolle Konditionierung »fallen lassen – Fehler – mea culpa« (negatives Gefühl). Damit wird sicher jeder leben können, und die Situation führt zu keiner weiteren Betrachtung. Für die Eltern wäre die Situation vielleicht ein Ärgernis – mit der möglichen Konditionierung, künftig noch sorgfältiger auf das Kind zu achten. Es wird in jedem Fall schwierig, die Situation völlig neutral, ohne Gefühl und Überzeugung, zu betrachten.

Nun nehmen wir einmal an, die Eltern würden vor Wut toben, weil der gute Teppich ruiniert worden ist. Was glauben Sie, wird das Kind als Erstes versuchen? Aus Angst vor Strafe wird es die Schuld auf das andere Kind abwälzen. Entstehen diese oder ähnliche Situationen im Leben des Kindes mehrmals, lernt es, sich vor Strafe und negativer Beurteilung zu schützen, indem es andere Schuldige findet.

Unter diesen Bedingungen basieren die Schuldzuweisungen aufgrund einer bestimmten Konditionierung. Mit welchen negativen Gefühlen das Kind in diesem Fall belastet ist, werden Sie sich sicher vorstellen können. Mit jeder Schuldzuweisung, die deutlich auf Angst beruht, verstärkt sich die Konditionierung zu einem fest verankertem Verhalten. Im 21. Jahrhundert mag sich die Erziehungsstrategie vieler Eltern zwar geändert haben, doch die Wechselwirkung von Reiz und Reaktion besteht weiterhin. Ein Reiz löst einen bestimmten Gedanken aus, wodurch ein Gefühl wahrgenommen wird. Automatisch erfolgt eine Reaktion. Dazu fällt mir eine Geschichte Leben ein, die diese Ursache-Wirkung-Situation anschaulich demonstriert.

Eine meiner Töchter war als Kind sehr schmusebedürftig, während ich das von mir nicht behaupten kann. Inzwischen ist ihre Tochter, meine Enkelin in einem Alter, indem es völlig normal ist, mit den Eltern oder der Oma stundenlang schmusen zu wollen. Natürlich kuschle ich so wie früher mit meinen Kindern heute auch gerne mit meinen Enkeln. Aber ich bin eben kein »Stundenlang-Kuschel-Typ«. In meinem Wohnzimmer gibt es einen Sitzplatz, der geradezu zum Kuscheln einlädt, und mir ist bewusst, dass das Kuscheln begänne, sobald ich dort Platz nähme. Da ich wie gesagt nicht so gerne stundenlange kuschle und mir das Schauspiel zwischen Mutter und Kind lieber ansehe, habe ich stets dafür gesorgt, dass die junge Mutter diesen Platz einnimmt. Meine Konditionierung führte dazu, dass ich beim Besuch der Familie auf einen neutralen Sitzbereich zurückgreife. Solche Konditionierungen (Reiz-Reaktionsmuster) führen zur Gewohnheit, die nur durch bewussten den **Willen** durchbrochen werden kann.

Eine bekannte Gewohnheit dürfte das abendliche Fernseh-Couch-Ritual sein. Der Anblick der Couch löst den Gedanken an »Gemütlichkeit« aus und verleitet dazu, sich zu einem »Couch-Potato« zu entwickeln. Nur die Achtsamkeit kann vor diesen Konditionierungen schützen. Der Neurowissenschaftler Dr. Joe Dispenza (geb. 1961) erklärte in seinem Vortrag »Verändere Dein Bewusstsein«, wie wichtig es ist, Gewohnheiten und Konditionierungen zu durchbrechen:

»Da wir alles, was wir erleben, als vertraut annehmen, ist das Problem, dass unser Gehirn dies bereits vorher schon weiß. Damit bewirkt unsere Umwelt, was wir denken … Dadurch werden immer wieder bestimmte Schaltkreise im Gehirn aktiviert … Wir müssen also innerhalb der gleichen Lebensumstände anders Denken und Handeln … Um sich zu ändern, muss man beginnen, Informationen aufzusaugen, damit durch ein verändertes Denken ein anderes Handeln erreicht werden kann.«

Diese Ausführungen sind besonders interessant, denn er verweist damit auf den *konditionierten Denk- und Verhaltensmodus des Körpers*. Gewohntes Denken führt zu immer gleichem Verhalten und Erleben. Eine Veränderung kann nur erfolgen, wenn alte Denk- und Verhaltensgewohnheiten durchbrochen werden. Dies ist jedoch leichter gesagt als getan. Warum es so schwer ist, Gewohnheiten zu verändern, erklärt Dr. Dispenza folgendermaßen:

»Der *immaterielle Gedanke* setzt im Gehirn *Botenstoffe* frei, die dafür sorgen, wie der Mensch sich fühlt. Dieses Gehirn steht über das Rückenmark in ständigem Kontakt mit jeder einzelnen Körperzelle, die ebenfalls eigene Gehirne besitzen. Dadurch entsteht ein **Kreislauf,** der dem Menschen seinen »Seins-Zustand« suggeriert: **Gedanke – Gefühl – Gedanke – Gefühl.** Verändert der Mensch sein Denken, lehnen die **Körperzellen** diesen neuen Gedanken beziehungsweise die Botenstoffe ab und senden zunächst die bekannten Botenstoffe (Gefühle) an das Gehirn zurück. In diesem Moment gleicht der **Hypothalamus die Botenstoffe** ab und erklärt dem Gehirn, es müsse das bekannte Denken wiederaufnehmen. Jetzt kommt es auf den **Willen** des Menschen an, neu zu denken und sich zu verändern.«

Mit dieser Erklärung verweist Dr. Dispenza eindeutig auf die menschliche Fähigkeit, über den Willen Gedanken und Verhalten steuern zu können. **Der Wille ist eine kraftvolle psychische Energie,** die bestimmte Reiz-Reaktionsmuster unbewusst oder bewusst steuert. Die Willenskraft kann durchaus geschult werden, sobald der Verstand eine Entscheidung dazu getroffen hat. Sogar die Vernunft wird einer solchen Entscheidung zustimmen. Greifen wir noch einmal den Fall des Couch-Potatos auf. Ich gestehe, lange Zeit selber ein solcher gewesen zu sein. Irgendwann wünschte ich mir, mein Leben zu verändern, indem ich mir ein Lesezimmer einrichtete. Dieses Zimmer war nun vorhanden, doch die alte Gewohnheit (Konditionierung), den Abend mit einem Glas Rotwein vor dem Fernseher ausklingen zu lassen, war ziemlich mächtig. Mein neues Zimmer blieb vorläufig ungenutzt. Glücklicherweise forderte mich der Anblick dieses Zimmers immer wieder zur **Achtsamkeit** auf, und der Gedanke, mein Leben ändern zu wollen, blieb lebendig. Eines Abends war es soweit, dass mein unbewusster Wille mich wieder in die alte Couch-Gewohnheit drängte, während meine

Achtsamkeit mir mein neues Lesezimmer vor Augen führte. Mir war, als schlügen zwei Seelen in meiner Brust: Lesezimmer oder Fernsehabend? In diesem Moment spürte ich die Kräfte des bewussten und unbewussten Willens. Also gab ich mir einen Ruck und entschied mich, das Neue, die abendliche Lesestunde, auszuprobieren.

Ein wenig muss ich nun schmunzeln, wie schnell sich neue Konditionierungen ergaben. Wenige Abende später, nachdem mir die Leseabende mehr Spaß machten als die Fernsehabende, war es für mich schwierig, auf diese zu verzichten. Die gleiche Willenskraft musste ich erneut aufbringen, um die abendlichen Lesestunden zwischenzeitlich durch Spaziergänge zu ersetzen. Langsamer gelang mir das Umdenken meiner lang gehegten Weltvorstellung von einem personalisierten universellen Geist zu einem, von verschiedenen Naturwissenschaftlern proklamierten, elektromagnetischen Feld aller Möglichkeiten. Dr. Klaus Volkamer, ein von mir geschätzter Physiker und Naturwissenschaftler, veröffentlicht auf seiner Webseite klaus-volkamer.de folgendes:

»Auf meiner neuen Webpräsenz werde ich Ihnen meine weiterführenden Ergebnisse in Bezug auf die *feinstoffliche Welt* darlegen. Ich werde versuchen Ihnen zu erklären, dass die stillschweigende Annahme der zumindest prinzipiellen Vollständigkeit des heutigen Weltbildes der Wissenschaft anscheinend unkorrekt ist und dass aus diesem Mangel schwerwiegende Konsequenzen folgen, z. B. unserer Gesundheit, aber auch in praktisch allen Bereichen der Naturwissenschaften.«

Mit dieser Aussage weist der Physiker deutlich darauf hin, dass unsere, als »real« empfundene Welt unvollständig und unkorrekt definiert wird, solange deren feinstoffliche Basis außer Acht gelassen wird. Auf seiner Website veröffentlicht Dr. Volkamer dazu interessante Experimentbeschreibungen. Diese *feinstoffliche Welt*, so der Wissenschaftler, *durchdringt jede Materie*. Dabei bildet der feinstoffliche Körper, der unsterblich ist, den sterblichen, grobstofflichen Körper des Menschen genau ab. Über sein feinstoffliches Feld, so schreibt Dr. Volkamer, sei der Mensch mit dem gesamten multidimensionalen Universum verbunden. Diese feinstoffliche Verbundenheit muss, Dr. Volkamer zufolge, ein besonders Potential zur Lösung gesundheitlicher Probleme bergen.

Die Weltbilder, die ich mir jahrelang personifiziert vorgestellt hatte, waren mir nicht nur vertraut, sondern boten eine gewisse Sicherheit. Ich war auf diese personifizierte Vorstellung des alles durchströmenden Geistes »Gott« konditioniert. Das Herantasten an dieses neu, erweiterte, nicht-personifizierte Weltbild führte zu Angst und Unsicherheit. Meine Weltanschauung war aus den Angeln gehoben.

Essenz

1. Der Mensch ist wie eine Marionette konditioniert mit der Außenwelt beschäftigt.

2. Die größte Konditionierung suggeriert die Schwerkraft des Körpers: die materiell-physische Welt.

3. Angst führt zu Schuldzuweisungen. Schuldzuweisungen erfolgen unter anderem durch Konditionierungen.

4. Wesen aus einer höheren Dimension verfügen über starke geistige Kräfte und sind nicht auf die Schwerkraft angewiesen.

5. Konditionierungen äußern sich vor allem in Gewohnheiten. Gewohnheiten beschränken und führen zum gleichen Erleben.

6. Der Wille ist eine kraftvolle psychische Energie, die bestimmte Reiz-Reaktionsmuster unbewusst oder bewusst steuert.

Quintessenz und viertes Weltbild:

Wir leben als geistige Wesen in einem elektromagnetischen Feld aller Möglichkeiten. Die größte Konditionierung ist die Überzeugung einer materiell-physischen Welt. Konditionierungen führen zu Gewohnheiten im Denken und Handeln. Um sein Leben zu verändern, muss der Mensch Gewohnheiten bewusst ablegen. Nur mit Willenskraft können Konditionierungen durchbrochen werden. Aufmerksamkeit hilft, emotionale Impulse bewusst wahrzunehmen.

IX. Konkurrenzdenken und Schuldzuweisung trennen den Menschen vom Hier und Jetzt

Während ich mich von meinem dritten Weltbild (Kap. V.) nur langsam verabschieden konnte und noch relativ von diesem überzeugt war, veränderte sich etwas. Ich lernte mich glücklich zu schätzen über alle Informationen, Lebensweisheiten und Begegnungen, die ich im Laufe der Jahre machen durfte. Humorvoll und glücklich zu leben, hatte ich mich immer bemüht, doch nun begann ich bewusst, positive Aspekte in den Vordergrund des Erlebens zu stellen. Dennoch tobte das Leben mitsamt Existenzangst und -kampf weiter. Seit meiner Namensänderung im Jahr 2005 fühlte ich mich besser, und das Interesse, wie diese Welt tatsächlich funktionieren würde, nahm zu. Trotz vieler Hürden, die meinen Willen extrem forderten, stieg mein Anspruch, meine zwei Leben körperlich und geistig miteinander in Einklang zu bringen. Ich wollte mein SEIN finden und war überzeugt, meditieren lernen zu müssen.

Wobei das »Müssen« an sich bereits eine *Disharmonie* beinhaltet, und so endete jede Meditationsübung mit dem Gefühl, leer zu sein. Dass mein gefühlter Zwang des »Müssens« bereits einen *inneren Konflikt* zwischen der Sehnsucht nach Ruhe und gelebter Unruhe darstellte, wusste ich zu der Zeit noch nicht. Regelmäßig nach diversen »weltlichen« Stresssituationen richtete ich meine Gedanken bewusst auf eine positive Zukunft aus. Doch anstelle meiner geistigen Ur-Seele verspürte ich eine tiefe undefinierbare Angst. Manchmal glaubte ich, diese Angst könnte meine geistige Ur-Seele sein, und ich begann, mir Sorgen zu machen. Vielleicht war ich in einem Vorleben ein boshafter Mensch, der nun dafür bezahlen müsse. Diese Momente waren regelmäßig die Auslöser mir zu sagen, dass ich meine Ur-Seele besser gar nicht kennenlernen sollte. Ich befand mich, mit einer völlig zu Unrecht *vermuteten Schuld* in einem inneren Konflikt. Der »*Ur-Angst*« ins Auge zu sehen, versetzte mein Gefühlsleben in Disharmonie.

Damit hatte ich ein weiteres Problem, denn es hieß in vielen Büchern, dass man zu der *liebenden geistigen Ur-Seele* finden müsse, um glücklich werden zu können. Bis zu diesem Zeitpunkt hatte ich es geschafft, einige meiner konditionierten Minderwertigkeitsgefühle zu erkennen. Doch was nutzt das Erkennen, wenn man keine Lösung sieht. Ohne es zu ahnen prasselte das Gesetz der Wechselwirkung auf mich ein. Meine *Angst zog* die kleinen *Kriegs- und Streitschauplätze* in mein Leben. Egal, wie oft ich mir mit positiven Affirmationen ein glückseliges Leben vorstellte, um mein Unterbewusstsein umzuprogrammieren: Die Existenzangst drängte sich ständig in den Vordergrund. Und so musste ich eines Tages verwundert auf folgende Situation blicken:

Es war Freitag, und ich hatte bereits am Morgen glücklich und zufrieden gearbeitet. Zwischendurch tauchten Gedanken an eine wichtige postalische Zusendung auf, die ich schon seit Tagen dringend erwartete. Aber ich erhielt nur eine Post, die mich sehr beunruhigte. Zwar konnte ich meine aufkommende Unruhe relativ schnell bändigen, dennoch war mir klar, dass ich mich mit der vorliegenden Post auseinandersetzen musste. Meine Gedanken an die äußerst wichtige fehlende Zustellung nervten mich zusätzlich. Zunächst bemühte ich mich, mit positiven Affirmationen von den Gedanken an die Post abzulenken, doch leider gelang mir dies nicht. Also entschied ich mich zu einem Spaziergang mit meinen Hunden, um etwas abzuschalten und zur Ruhe zu kommen.

Anschließend ging es mir auch wirklich gut, und ich beschloss, mir auf dem Rückweg die neue Fernsehzeitung zu kaufen. Ich parkte mein Auto völlig legal am Straßenrand. Noch während ich ausstieg, fuhr ein älterer Herr auf seinem Fahrrad an mir vorbei und geiferte: »Das ist kein Parkplatz.« Im Grunde hätte mich das unberührt lassen sollen, denn was geht mich das negative Gehabe eines fremden Menschen an. Aber es ließ mich nicht unberührt. Obwohl ich kein Wort sagte, spürte ich einen Groll gegen diesen alten Mann. Doch damit nicht genug. Um meine Zeitung kaufen und mich an der Kasse anstellen zu können, musste ich an einem anderen älteren Herrn vorbei, der an dem nahestehenden Regal nach Ware schaute. Somit war ich an der Kasse die Dritte in der Reihe. Schnell füllte sich die Schlange, und hinter mir stand jener alte Herr, den ich zuvor überholt hatte. Plötzlich fauchte er mich an, ich hätte mich vorgedrängelt. In mir platzte eine Bombe und ich dachte: »Habe ich es heute eigentlich nur noch mit Idioten zu tun?« Impulsiv legte ich die Zeitung weg und verließ den Laden. Es stand mir bis Unterkiefer Oberlippe, denn ich hatte keine Lust auf alte Männer, Zeitungen oder sonstigen Idiotenkram. Nachdem ich zu Hause angekommen war, funktionierte zunächst nichts mehr. Es blieb mir nichts anderes übrig als nachzudenken, was passiert war. Also fragte ich mich, »was hat das mit mir zu tun?«, und wartete, ob sich eine Erkenntnis ergäbe. Ein bisschen dauerte es, doch dann erkannte ich Unglaubliches:

Die dringende Post, auf die ich am Morgen gewartet und die Post, die ich erhalten hatte, beschäftigten mich mit einer alten Sache, die schon längst erledigt sein sollte. Dass mich die Gedanken an diese Post dennoch so aufgewühlt hatten, passte nicht zu meiner neuen, eher heiteren Lebenseinstellung. Immerhin war ich ständig damit beschäftigt, mir mit positiven Affirmationen ein gutes Gefühl einreden zu wollen. Und plötzlich wurden mir die ersten Zusammenhänge klar: Eine alte Sache hatte mich beunruhigt, also rempelte ich mit alten Männern aneinander. Meine *positiven Affirmationen setzten mich angesichts tiefer Angst unter Druck*. Entsprechend setzte mich die erlebte Szene unter Druck. Mir schoss ein Spruch durch den Kopf, den ich unlängst gehört hatte und spürte, wieviel Wahrheit darin lag: »*Wie Innen so Außen*«. Meine Erlebnisse mit den beiden Männern waren nichts anderes als die Quittung auf mein eigenes Gefühlsleben. Doch das war nicht alles.

Mir fiel auf, dass ich es am Morgen, während meiner Arbeit, versäumt hatte, mich zu fragen, »Was haben die negativ aufkeimenden Gefühle mit mir zu tun?« Dass diese Frage an sich schon einen Fehler beinhaltete, übersah ich zunächst. Anstatt eine aufkeimende Emotion achtsam zu hinterfragen, hatte ich bereits einen ersten Gedanken zugelassen. Meine bekannte Frage kam nicht nur zu spät, sondern hatte nicht einmal eine Chance, gestellt zu werden. Dieses Erlebnis beeindruckte mich. Ein unbeachteter Gedanke hatte negative Gefühle und Erinnerung ausgelöst. In dem Moment, da die negativen Gefühle (Emotion plus Gedanke, Kap. VI) sich bereits ausgebreitet hatten, konnte ich mit positiven Affirmationen nichts mehr bewirken. Negative Gefühle lehnen jeden positiven Hinweis ab.

Also wandte ich Byron Katie`s Methode an und fragte mich: »*Ist das wirklich wahr*, dass Du vor der Post Angst haben musst?« (s. Kap. VII.) Nein, natürlich nicht. Schritt für Schritt verfolgte ich die Frage weiter, wovor ich Angst gehabt haben könnte. Ich wollte den unbewussten Moment der ersten negativen Emotion entdecken. Immerhin hatte ich glücklich und zufrieden gearbeitet. Wie konnte es da überhaupt zu einer negativen Emotion gekommen sein? Mit dieser Frage blieb ich in einer Art Meditation stillsitzen, um das morgendliche Glücksgefühl erneut nachzuempfinden. Tatsächlich reagierte mein Unterbewusstsein. Auch in dieser kontrollierten Reflektion, fühlte ich, wie eine negative Emotion aufkam.

Es fiel mir wie Schuppen von den Augen. Auf dem Schreibtisch lag ein Brief, der mich am Morgen in Erinnerung versetzt hatte. Ein *innerpsychischer Streit* zwischen Ur-Vertrauen und Ur-Angst hatte in mir getobt und die Objekte in der sichtbaren Welt waren meine Arbeit (Glück) und die Post (Angst). Ich hatte gemäß Sigmund Freud (s. Kap. VIII.) der Erinnerung Angst das Objekt Post zugewiesen. Dieses Ausmaß der Wechselwirkungen zu erkennen, machte mir bewusst, dass Erinnerungen vergangene Gefühle blitzschnell wiederbelebten. Ich musste also lernen, nicht nur meine Emotionen vor dem ersten Gedanken zu schützen, sondern vor allem meine *Gedanken und Erinnerungen zu kontrollieren*.

Angst und Liebe begleiten den Menschen in jeder Sekunde und betreiben einen innerpsychischen Wettstreit. Diese Polarität Liebe und Angst erfordert die willentliche *Entscheidung*, welchem der beiden Pole sich der Geist zuwenden soll. Diesen Kreislauf zu erkennen, war von unendlicher Bedeutung. Wer gleiches (Vergangenheit) denkt, erlebt gleiche Erfahrungen, während die Emotion, *bei Achtsamkeit*, ein »Neudenken« ermöglicht. Ab diesem Moment war mir klar, wie wichtig die *Gedankenhygiene* ist, um in einem glücklichen Hier und Jetzt bleiben zu können. Negative Erinnerungen töten positive Gefühle und lösen eine negative Gedanken-Kettenreaktion aus. Positive Gefühle sorgen für positive Erinnerungen und lösen eine positive Gedanken-Kettenreaktion aus.

Aus diesem inneren Streit zwischen Angst und Glück auszubrechen, erscheint in vielen Situationen kaum möglich. Im Kampf der *positiven Gegenwart* gegen *negative Erinnerungen* mag der Wille sich vielleicht noch schnell für die Gegenwart entscheiden. Schwieriger wird es, wenn *Beurteilungen* und *Bewertungen* zwischen Personen ins Spiel kommen. Wie schnell beurteilen wir, mit viel Gefühl, das Leben eines Menschen negativ oder positiv, ohne zu ahnen, das diejenige Person das Leben ganz anders versteht. Selbst diese divergenten Beurteilungen sind nichts anderes als Streit und *Konkurrenzdenken*, obwohl sie in der Regel nonverbal ausgetragen werden. Vor allen Dingen sind diese Bewertungen und Beurteilungen übergriffig, denn jeder hat mit dem eigenen Leben genug zu tun. Sehr frühzeitig hatte mich ein Erlebnis gelehrt, dass jedes Ding zwei Seiten hat, die neutral zu betrachten sind. Während meiner Ausbildung zur Sozialpädagogin musste ich lernen, dass das Gefühl von Heimatlosigkeit ebenso glückselig wie traurig-ängstlich machen kann. Für den positiv-liebevoll Denkenden ist ein ewiger Neuanfang bereichernd. Für den negativ-ängstlichen bedrohend. Nichts von beidem hat etwas mit der menschlichen Beurteilung von Gut und Böse zu tun, sondern einzig mit der Entscheidung: Was will ich fühlen und leben?

Ich arbeitete in einem Haus für obdachlose Frauen und lernte meine erste Berberin kennen. Berber nennen sich einige Obdachlose, die von Stadt zu Stadt, von Dorf zu Dorf und Land zu Land ziehen. Meine Sehnsucht damals war es, Urlaub machen zu können, um von Deutschland etwas kennenzulernen. Andererseits hätte ich mir nie vorstellen können, meine Heimat (Geborgenheit, Familie, Zuhause) zu verlassen. Heimat war der Ort, an dem ich lebte. In dieser gefühlten Zerrissenheit, lernte ich nun die Berberin Babett kennen. Körperlich war sie sehr mitgenommen und gesundheitlich musste Sie erst einmal aufgepäppelt werden. Offensichtlich sprang ihr mein Mitgefühl förmlich entgegen, denn sie schrie mich an: »Was willst Du? Meinst Du vielleicht, mir geht es schlecht? Ich bin gerne Berber und will hier nicht bleiben.« Natürlich war ich im ersten Moment schockiert und ärgerte mich, dass ich meine Gefühle nicht besser verstecken konnte. Ich erlebte mich in dem Moment als unprofessionell. Aus ihrer Biografie wusste ich, dass sie schreckliche Familien- und Beziehungskatastrophen hinter sich hatte und bereits mehr als zwanzig Jahre Berberin war.

Im Laufe der Jahre, in denen ich mich mit meinem Dasein auseinandergesetzt hatte, kam mir dieses Erlebnis immer wieder in Erinnerung. Heute begreife ich, dass wir uns mit unserer Liebe und Angst, im Sinne der Polarität (universelle Wechselseitigkeit), gegenüberstanden. Während meine Sehnsucht zu reisen mich mit Verlustängsten (die geliebte Familie/Geborgenheit zu verlieren) konfrontierte, spiegelte ich Babett ihre Angst vor Familie und Geborgenheit. Seit dieser Erfahrung änderte sich mein Empfinden für das Gefühl Heimat deutlich, denn Heimat ist ein Beziehungsgefühl und findet man nur in sich selbst. Das Gesetz der Wechselwirkung führt tatsächlich zu Projektionen, über die wir erkennen können, was wir möchten und was wir nicht möchten. Zu reisen, die Welt kennenzulernen, muss nicht eine Heimatlosigkeit bedeuten, sowie eine familiäre Geborgenheit nicht unbedingt eine schmerzhafte Einengung darstellt.

Plötzlich begriff ich, dass gewohnte Überzeugungen die Vielfalt aller Möglichkeiten ausklammert. Das zerrissen sein zwischen Angst- und Glücksempfinden fordert zur Entscheidung und zu neuem Denken auf. Und darin liegt das menschliche, innerpsychische (Streit-)Problem, denn es fällt leichter, auf Gewohntes zurückzugreifen als Neues zuzulassen. Eleanor Roosevelt war die Frau des US-Präsidenten Franklin D. Roosevelt (1884 bis 1962) und eine hervorragende Diplomatin. Sie beschrieb diese Situation mit sehr praktikablen Worten:

»Mit jeder Erfahrung, bei der Sie Ihre Angst überwinden, gewinnen Sie an Stärke, Mut und Selbstvertrauen. Tun Sie das, wovon Sie glauben, es nicht tun zu können.«

Zwischen Menschen entstehen Streit-, Macht-, Diskriminierungs- und Konkurrenzkämpfe durch entgegengesetzte Überzeugungen (Kapitel VI.) mit dem Anspruch auf Selbstbehauptung. Die Abwertung des Anderen, sei sie politisch, wirtschaftlich, soziologisch oder familiär, scheint nicht nur den eigenen Selbstwert zu steigern, sondern führt in der Regel zu **Schuldzuweisungen**. Wie gewaltig sie sein können, beweisen viele Kriege. Alle **Kriegsschauplätze** basieren auf Angst.

Dem entgegen stehen die Friedensbewegungen. In diesem Fall stimmen die Überzeugungen zweier oder mehrerer Parteien überein und führen in der Regel zu einer längeren Verbindung. Folgerichtig können wir festhalten, dass Überzeugungen entweder zu Kooperations- oder Konkurrenzdenken führen. Während Kooperationsgedanken der Liebe zuzuschreiben sind, basieren Konkurrenzgedanken auf Angst. Erklärend muss ich an dieser Stelle erwähnen, dass ich über meine Erfahrungen mit der Wechselwirkung über die Jahre zu einigen wenigen Kenntnisse bezüglich der universellen Gesetze Resonanz (Anziehung) und Analogie (Entsprechung) gelangt bin. Insofern wusste ich, dass meine innere Angst Streitbares nur kurzfristig anziehen konnte, denn grundsätzlich konzentrierte ich mich inzwischen auf liebevolles Erleben. Meine tief empfundenen (Lebens-)Ängste allerdings zogen noch die eine oder andere äußerst unschöne Situation in mein Leben. Bekanntlich haben wir keinen Einfluss auf die Entscheidung anderer Personen, sondern lediglich auf eigene Empfindungen und Vorstellungen. Es liegt deshalb bei uns, wie lange wir uns mit negativen Gefühlen in einer Streitsituation aufhalten. Vielleicht erkläre ich es an einem Beispiel:

In meiner schwersten Zeit, als ich alles verloren hatte, blieb es nicht aus, dass mein Selbstwertgefühl im Keller saß. Meine Begegnung mit einem Finanzmagnaten führte zusätzlich dazu, von diesem derart mit ungerechtfertigten, verleumderischen Schuldzuweisungen erniedrigt worden zu sein, dass ich an meiner eigenen Lebensberechtigung zweifelte. Nun stand er da, dieser mächtige Finanzmagnat, der allen juristischen Vorgaben zum Trotz mit dem Satz, »das interessiert mich nicht, Sie können ja klagen«, mich meiner Rechte beraubte. Mein einsam verlorener, kurzer Versuch, meine Rechte zu behalten, scheiterte natürlich und ich wägte ab, ob ich klagen sollte. Ich sah diesen Finanzmagnaten, der mir seine diskriminierende Feindseligkeit präsentierte, an. Ohne es bewusst zu denken, durchfuhr mich plötzlich der Satz, »ihr Heuchler« und mir wurde klar, dass es keinen Sinn macht, mit dieser Art Menschen auch nur eine Sekunde weiter in Kontakt zu bleiben. Natürlich war diese Situation nicht nur extrem schmerzlich, sondern mit finanziellen Verlusten für mich belegt. Klever, wie er war, hatte er meine Gelder einfach einbehalten. Somit hatte ich durch sein juristisch unkorrektes Verhalten, den finanziellen Verlust, sowie seine menschlichen Verleumdungen einen letzten vernichtenden Fußtritt erhalten. In Kenntnis der **universellen Gesetze** und der bekannten Kettenreaktion (s. Kap. VI.) verzichtete ich auf jede weitere Reaktion und befragte schmerzlich-getroffen aber tief ehrlich mein Unterbewusstsein, was ich gegen den Schmerz tun könne. Erstaunlicherweise erlebte ich genau an diesem Tag noch folgende Kehrtwende: In meiner Post befand sich ein Werbeheftchen mit Bibelsprüchen. Ich wollte es gerade in den Papierkorb werfen, als sich eine Seite mit folgendem Spruch öffnete:

»Wehe euch, ihr Schriftgelehrten und Pharisäer! Ihr Heuchler! Ihr seid wie die weiß getünchten Grabstätten: Von außen erscheinen sie schön, aber innen ist alles voll stinkender Verwesung. Ihr steht vor den Leuten als solche da, die Gottes Willen tun, aber in Wirklichkeit seid ihr voller Auflehnung und Heuchelei. « (Lukas 11, 39-51)

In dem Moment, da ich über diesen Bibelspruch nachdachte, klingelte mein Telefon. Ein Anruf aus meiner Bank für Geschäftskunden verband mich mit einem Finanzmagnaten, den ich durch sporadische geschäftliche Kontakte kannte. Dieser Mensch schien durch das Telefon zu spüren, dass mich Sorgen bedrückten und nahm sich die Zeit für ein Gespräch. Problemlos führte er unser Telefonat in einer Weise, die mich aufbaute und mich mit ihm auf Augenhöhe verband. Ich fühlte mich wieder gut und anerkannt, trotz meiner finanziellen Misere. Durch ihn erhielt ich nicht nur neue Möglichkeiten, sondern auch brauchbare Hinweise, wie ich meine finanzielle Hürde meistern könnte. Indem ich mich bewusst entschieden hatte, glücklich leben zu wollen und keine negativen Gedanken mehr zuzulassen, machte sich die **positive Kettenreaktion** bemerkbar. Hilfreiche Kontakte stellten sich auf Augenhöhe ein und mein Selbstbewusstsein erhielt neue Flügel. Die Vorstellung, neu beginnen zu können, führte unmittelbar zu vielen ungeahnten positiven Möglichkeiten. Diese Situation war sehr bedeutsam und spiegelte mir, dass ein negatives Erlebnis im Keim erstickt, sobald man die Konzentration liebevoll auf das eigene Leben richtet.

Haben Sie schon einmal darüber nachgedacht, wie viele Gefühle einzig der Angst entstammen? Machen Sie sich bitte bewusst, wie weit verbreitet das Konkurrenzdenken ist. Wenn Sie zum Beispiel behaupten, tolerant zu sein, sind Sie im Konkurrenzdenken und damit gegen den universellen Geist. Kaum zu glauben, sagen Sie? In der menschlichen Beurteilung ist die Toleranz schließlich positiv bewertet. Wie kann sie da negativ sein? Ganz einfach: Verwechseln Sie Toleranz nicht mit Gleichgültigkeit. Gleichgültigkeit ist ein Wesensmerkmal, bei dem der Mensch sich kein Urteil bildet. Wenn Sie sich also für tolerant halten, dulden oder bestenfalls achten Sie – im Sinne von gelten lassen – die Gesinnung des Anderen. Gehen Sie einmal in das Gefühl »Toleranz« hinein. Spüren Sie, dass etwas in Ihnen sagt: »Ich liege richtig – der andere kann ja denken, was er will!«? Wie geht es Ihnen umgekehrt, wenn Sie »nur« toleriert werden? Stellen Sie sich einmal eine öffentliche Diskussion vor. Angenommen, Sie vertreten die Meinung, dass am Sonntag nicht gearbeitet werden soll. Ihr Widersacher überzeugt allerdings die Zuhörer vom Gegenteil. Spüren Sie Wut, Verteidigungsdrang, Enttäuschung, ein blasiertes Lächeln, oder fühlen Sie sich tolerant lässig? Angenommen, Sie bleiben tolerant lässig. Was ist nun mit Ihrer Meinung? Welche Meinung ist Ihrer Ansicht nach richtig? Welche Emotion spüren Sie? In jedem Fall macht sich ein eher negatives Gefühl in Ihnen breit. Vielleicht spüren Sie auch gar kein Gefühl, und eine mögliche sprachliche oder gedankliche Reaktion wie »der Idiot« scheint ein Aufkeimen negativer Gefühle zu verhindern. Das allerdings ist ein Trugschluss, denn jedes **bewertende Wort löst ein Gefühl** aus. Allein mit dem tief emotionalen Wort »Idiot« setzt eine Schwingung ein, auf die das **Gesetz der Resonanz** antworten muss (s. Kap. III, Harald Wessbecher). Gott sei Dank lässt sie sich schnell stoppen, indem man seine Gedanken sofort positiv ausrichtet.

Natürlich gibt es wesentlich schrecklichere Lebensszenarien, als ich sie aus meinem Leben kenne. In der Psychologie zum Beispiel geht man bei gewalttätigen Menschen von drei Persönlichkeitsstrukturen aus, die als antisoziale (entzweit), dysphorische (negative Alltagsverstimmung) oder pathologische (krankhaften) Typen bezeichnet werden. Menschen mit diesen Störungen verursachen Zank, Ärger, Kriege, Not und Leid. Niemand würde ihre Handlungen einer liebenden universellen Kraft zuschreiben. Ganz sicher ist auch, dass einem brutalen Vorgehen Einhalt geboten werden muss. Die Frage ist nur, wie? Antisoziale Typen reagieren aggressiv und sind weder willens noch in der Lage, sich in einen anderen Menschen hineinzuversetzen. Ihre Überlebensstrategie ist der Machtkampf, den sie in der Regel mit gleichgearteten Partnern ausleben. Das Gesetz der Anziehung führt Gleich und Gleich zusammen. Hält eine solche Partnerschaft an, spielt das Gesetz der Analogie, also der Gleichheit, eine bedeutende Rolle. In solchen Partnerschaften existiert ein fortwährender brutaler Machtkampf ohne eine Chance auf Änderung. Erst wenn sich einer der Gegenüberstehenden durch neue Denkansätze verändert, kann das Gesetz durchbrochen werden und zur Trennung führen. Um diese Änderung durchzusetzen, braucht es den Motor »Willen«. Damit wird deutlich, dass *von dritter Seite* lediglich *ein Impuls* gesetzt werden kann. Die Wandlung muss innerhalb dieses Systems beginnen.

Angenommen, ein Mensch beschuldigt Sie zu Unrecht des Diebstahls. Natürlich setzen Sie sich zunächst zur Wehr, indem Sie den Vorwurf bestreiten oder widerlegen. Verzichten Sie aber unbedingt darauf, Ihren Gegner zu beschuldigen oder sich lange mit der Sache zu beschäftigen. Steigen Sie nicht in den Streit ein, sondern arbeiten Sie Ihr persönliches Packet negativer Gefühle ab. Denken Sie daran, dass jede Disharmonie, die Sie über weitere Schuldzuweisungen erzeugen, in neue negative Gefühle (Streitsituation mit Kettenreaktion) führt. Distanzieren Sie sich, um das Leben des Anderen nur zu betrachten. Was projiziert es Ihnen? Ist es etwas, dass Sie in Ihr Leben aufnehmen möchten oder etwas, von dem Sie sich distanzieren? Lassen Sie den anderen einfach SEIN, wie er ist und treffen Sie die Entscheidung, sich positiv auf Ihr SEIN zu konzentrieren. Beginnen Sie frühzeitig Fragen an Ihr *Unterbewusstsein z*u stellen: »Was hat das mit mir zu tun?« »Wie werde ich mit dieser Demütigung fertig?« »Wie kann ich den Schmerz bearbeiten?« Ihr Unterbewusstsein wird sich melden. Hören Sie einfach nur hin. Mir ist bewusst, dass diese achtsamen Reaktionen nicht immer leicht sind. Machen Sie sich bewusst, dass alles, was Sie erleben, eine *Projektion Ihres eigenen Gefühls* ist. Treffen Sie bewusst eine Entscheidung, nur noch positive Gefühle zulassen zu wollen. Vielleicht spüren Sie den Impuls, spazieren zu gehen. Dann konzentrieren Sie sich auf den herrlichen Wald. Vielleicht konnten Sie mit Leichtigkeit eine Rechnung bezahlen, dann freuen Sie sich über Ihre Ehrlichkeit. Greifen Sie *positive Emotionen* freudestrahlend auf und schreien Sie innerlich »hurra«, »Super, da mache ich mit.«, »Wow, das ist toll, ich bin dabei.«

Gestatten Sie Ihrer Fantasie Purzelbäume zu schlagen und behalten Sie den Wunsch, der Ihnen wichtig ist, in Ihrem Herzen so lebendig, als wäre er bereits erfüllt. Mit dieser bewussten Entscheidung und Vorgehensweise werden Sie Streit- und Konkurrenzdenken aus Ihrem Leben verbannen. Damit beginnt Ihr Weg zur Glückseligkeit (mit Kettenreaktion) und vor allem zum inneren und äußeren Reichtum.

Essenz:

1. Die Angst zieht kleine und große Streit- und Kriegsschauplätze an. Das Universum meidet diese sehr konsequent.

2. Äußere Streitsituationen basieren auf inner-psychischen Disharmonien und damit auf Angst.

3. Erinnerungen reaktivieren vergangene negative oder positive Gefühle.

4. Die Entscheidung, positive oder negative Gefühle zuzulassen, kann nur bewusst gefällt werden.

5. Angst ist ein weit verbreitetes Gefühl und wird nicht immer erkannt.

6. Überzeugungen führen zu Konkurrenz- oder Kooperationsdenken.

7. Kooperationsdenken basiert auf Liebe. Konkurrenzdenken basiert auf Angst.

8. Der bewusst gelenkte Wille ist der Motor zur Veränderung.

9. Gedanken- und Emotionshygiene lässt sich erlernen.

Quintessenz:

Durch Erinnerungen verlässt der Mensch sein Hier und Jetzt und erzeugt vergangene Gefühle neu. Positive wie negative Gedanken lösen eine Kettenreaktion aus. Von hoher Bedeutung ist daher die Achtsamkeit im Bereich der Gedanken – und Emotionshygiene.

X. Die vier universellen Gesetze

Im Laufe der Jahre wurde mir immer mehr bewusst, dass der universelle Geist das gesamte Universum mit *mathematisch genauer Gesetzmäßigkeit* durchflutet. Beeindruckend hatte mich mein Leben gelehrt, dass es bei allem Erleben ausschließlich um *positive Erfahrungen* geht. Von der *Wechselwirkung »wie innen, so außen«* war ich inzwischen überzeugt. Noch immer trennte mich mein Existenzkampf vom universellen Geist und meiner Seele, bis ich derart stark an einem Born Out erkrankte, dass ich mein Leben aufgab. Nur mein Pflichtbewusstsein, meine Kinder durch ihre Ausbildungen bringen zu wollen, hielt mich aufrecht. In der Zerrissenheit, mein Leben aufgeben, jedoch für meine Kinder da sein zu wollen, beschäftigte ich mich erneut mit Büchern von Dr. Joseph Murphy, Bärbel Mohr, Pierre Franckh und anderen »Prediger-Autoren«. In dieser Zeit der Ohnmacht entflammte ein neues Lebensgefühl. Sogar mein Humor und meine Lebensfreude, die ich während meines harten Existenzkampfes vergraben hatte, flackerten wieder auf. Es interessierte mich nicht mehr reich werden zu wollen. Mein Ziel war, einen Weg zu meinem SEIN zu finden. Obwohl es mir noch immer schwerfiel, begann ich *Meditationstechniken* auszuprobieren und die Momente, in denen ich in Seelenruhe über Gott und die Welt nachdachte, wurden immer intensiver. Meine Bestellungen, die ich nach Bärbel Mohrs Anweisungen ins Universum schickte, beinhalteten kein »Haben wollen«, sondern »SEIN wollen.« Zurückblickend erlebe ich jenes Lebens-Stadium als eine Art Aufenthalt in einer »Reparaturwerkstatt«. Es war, als habe in der *Polarität* »Hektik - Ruhe« ein notwendiger Wechsel stattgefunden und ich konnte mich intensiv mit Gott und der Welt auseinandersetzen.

Zunächst geriet ich in einen unüberschaubaren Informationswirrwarr zum Gesetz der Polarität und es war kein Wunder, dass ich die Polarität mit dem *Gesetz der Wechselwirkung* ständig verwechselte. Während der eine Autor von der Polarität als zeitlich wechselnde, gute und schlechte Zeit sprach, berichtete der andere von der zeitgleichen Gegensätzlichkeit. Der dritte erläuterte die Polarität als Maßeinheit, über die es zu klären gelte, an welcher Stelle zwischen positiv zu negativ man stünde. Kurzzeitig stellte ich mir bei dem ganzen Durcheinander vor, ich würde mich mitten in dem Symbol von Yin und Yan befinden. Mit dieser Vorstellung hätte ich, so erklärte ich mir, ein mittelmäßiges Leben geschaffen. Würde ich nun ein gutes Leben haben wollen, müsste ich nur zum Positiven streben. Doch genau das besorgte mich und erschien bedrohlich, denn berühmte Autoren hatten erklärt, man dürfe das Negative nicht vergessen, um nur positiv zu denken. Es hieß, es müsse immer einen Ausgleich geben. Wie also sollte ich glücklich werden, ohne das Gesetz der Polarität zu verletzen? Ist Zufriedenheit das Maß aller Dinge? Wie konnten die Autoren jedoch von einem zu erreichenden bedingungslosen Glück sprechen?

Zu allem Überfluss hörte ich einen Redner zum Tode von Bärbel Mohr. Dieser verkündete in gottähnlicher Weisheit, Bärbel Mohr sei gestorben, weil sie beim Universum nur positiv bestellt habe. Grundsätzlich, so der Redner, würden die Menschen vergessen, dass negativ und positiv immer zusammengehörten. Die Rechnung für das ewige positive Bestellen würde, sagte er, immer kommen. Diese Äußerung war, obwohl ich den Redner für sein Lebenswerk und seine Erfahrungen sehr schätze, eindeutig zu viel für mich. Bei mir war plötzlich der Ofen für das Verständnis dieser »Esoteriker« komplett aus. Weder die Polarität noch die universellen Gesetze konnte und wollte ich mehr verstehen. Ich spürte nur noch einen riesengroßen Ärger darüber, dass Menschen es wagten, Gottes Entscheidung über Leben und Tot beurteilen zu wollen. Von Esoterikern, die sich gegenseitig erklärten, warum eine Seele die Welt verlassen habe, distanzierte ich mich meilenweit. Zurück blieb die Frage, ob es dieses absolute »Glücklichsein«, überhaupt geben könne. Es schien fast das Ende meiner spirituellen Laufbahn zu sein, und ich fragte mich, ob dieses physische Leben, das ich kaum noch haben wollte, das Nonplusultra wäre. Glücklicherweise entdeckte ich später das Buch »Der Glücks-Code« des Physikers Dr. Dieter Broers, der folgendes schreibt:

*»Es kommt darauf an, dass wir Kontakt mit dem **kosmischen Prinzip** der Urseele aufnehmen, um uns **spirituell** wieder mit ihr zu **vereinigen**. Da die Urseele die universale Grundlage unseres Menschseins ist, ist sie der unbewusste Sehnsuchtsort den wir umkreisen, wenn wir das Glück suchen.«*

Dieses Buch erschien mir wie ein neuer Anfang, um mich noch einmal mit dem Leben auseinanderzusetzen. Ich konnte den Ausführungen blind folgen, denn ich fühlte, dass es mehr geben müsse als das zufriedene gesellschaftlich-physische Dasein. Dass

Körper (sichtbar) und Geist (unsichtbar) eine Polarität bildeten, erkannte ich noch nicht in vollem Umfang. Als die ersten Bücher über Quantenphilosophie in mein Leben einzogen, begann ich zu begreifen, wie **konsequent das Universum** in seiner praktischen Umsetzung mit den vier universellen Gesetzen ist. Der Vollständigkeit halber möchte ich erwähnen, dass in spirituellen Kreisen oft von sieben Gesetzen die Rede ist. In dem Buch »Kybalion« von 1908, als dessen Autor der Rechtsanwalt William Walker Atkinso (1862–1932) vermutet wird, werden nach den Texten der Tabula Smaragdina (Grundlagen Text der Alchemie) sieben universelle Gesetze belegt. Die moderne Naturwissenschaft geht jedoch von vier bedeutenden Gesetzen aus.

Mit der Polarität hatte ich im Grunde, ohne es zu ahnen, bereits Freundschaft geschlossen. Mein gesamtes Leben war durchflutet von Neuanfängen, die zeitgleich Beendigungen bedingten. Mit dem Eintritt ins Jugendalter war ich kein Kind mehr und mit Eintritt ins Berufsleben keine Schülerin. Natürlich war mir klar, dass zwischen jeweils beiden Stadien Zeit lag und so konnten die Erklärungen zur Polarität über das physische Erleben und Dasein recht verfälscht verstanden werden. Im menschlichen Leben kennen wir kein »Zurück«, sondern nur ein »Vorwärts«. In der Polarität entsteht jedoch eine **Wechselwirkung.** Genau hier lagen die vielen Erklärungsfehler, die ich in diversen Internetportalen gefunden hatte. Nach und nach begriff ich (s. Kap. IX.), dass die **Polarität zwei Gegensätze untrennbar miteinander vereint** und dass es innerhalb in dieser Polarität eine gegenseitige **Anziehungskraft** gibt. Die universellen Gesetze gehörten also in sich schon zusammen.

Vielleicht muss man Physiker sein, um diese Wechselwirkungen zu verstehen.

Wir nutzen Begriffe, um Dinge zu erklären. Die Seele begreift einfach. Verschiedene Naturwissenschaftler erklärten, dass die Polarität auf verschiedene Dimensions-Ebenen anwendbar sei. Auf der Ebene »Richtung« gehe es zum Beispiel um die Polarität Ausdehnung – Zusammenziehen, während es auf der Ebene Ort um die Polarität innen wie außen ginge. Besonders letzteres verschaffte mir ein gutes Gespür für die Untrennbarkeit der vielen Polaritäten. Es war mehr ein »geistig-universelles« Begreifen, welches sich in mir ausbreitete und damit erkannte ich zeitgleich, wie unerklärlich das Universum ist. Menschliche Worte, Begriffe und Gleichnisse mussten zwangsläufig zu *Missverständnissen* führen. Diese Missverständnisse bedingen zeitgleich, dass die Reaktion der gesetzlichen Wechselwirkungen im eigenen Leben nicht immer erkannt wird. Das bedeutet, dass der Mensch oft nicht versteht, warum er sich als positiver Mensch empfindet und doch vom Pech verfolgt ist. Da der Mensch bewertend vorgeht, fällt es nicht immer leicht, das universelle Spiegelbild »wie innen, so außen« korrekt zu verstehen.

Ein Beispiel in meinem Leben war, dass ich einen angeblichen Unternehmensberater in mein Geschäft gezogen hatte, der in seinem Leben tief gefallen war. Angesichts meiner eigenen Arbeitseinstellung glaubte ich ihm, dass er sich eine neue Existenz aufbauen wolle. Das Ausmaß seiner narzisstischen Erkrankung, durch die sein Ringen nach Anerkennung moralische als auch juristische Grenzen weit überschritt, erkannte ich zu spät. Sein selbstsicheres Auftreten blendete nicht nur mich, sondern sogar privilegierte Banker. Bereits nach zwei Monaten sah ich mich durch ihn nicht nur finanziell betrogen, ohne ihm dies nachweisen zu können, sondern in einem von ihm aufgebauten Lügennetz, dass mich in große Angst um meine eigene Existenz versetzt hatte, gefangen. Angesichts einer ungerechtfertigten Klage dieses Narzissten gegen mich, stand ich vor einem Richter, der anhand eindeutiger Fragen und Zeugenaussagen das Lügenchaos dieses Menschen aufdecken konnte. Nachdem ich diesem Menschen die Kündigung aus meinem Unternehmen zugesandt hatte, verschickte jener E-Mails mit diffamierenden und diskriminierenden Aussagen gegen meine Person an sämtliche Banken und Behörden, mit denen ich zusammenarbeitete. In Unkenntnis dieser E-Mails rief ich zur Terminabsprache einen betroffenen, noch relativ unbekannten Banker an. Ich hatte kaum meinen Namen ausgesprochen, da fuhr mich dieser mit scharfen Worten an: »Also hören Sie, wir wissen alle Bescheid und wir sind ein gutes Team. Uns bringen Sie nicht auseinander.« Ich war nur noch schockiert und fragte nach dem Hintergrund dieser Äußerung, der mir nicht genannt worden ist. Erst eine der anderen Behördenmitarbeiter zeigte mir, was hinter meinem Rücken vorgefallen war.

Selbst einige meiner Mitarbeiter waren trotz ihrer Loyalität zu mir von den Verleumdungen informiert worden und entsetzt über die dreiste Vorgehensweise des Genannten. Ob ich es wollte oder nicht, diese Gesamtsituation bewies, wie das *Gesetz der Anziehungskraft und Analogie* wirkt. Angst mag Unglück ins Leben ziehen. Bleiben kann das Unglück nur, wenn es eine Analogie findet. Letzteres zu erkennen, machte mich unglaublich glücklich, denn Verleumdung, Hass, Gemeinheit und Beschuldigung hatten mich nur gestreift. Später erfuhr ich, dass der involvierte Banker mit dem von mir in Kap. IX. genannten Finanzmagnaten befreundet ist. Zusammenbleiben kann nur, was zusammengehört. Wesentlich schwerer fiel es mir anzunehmen, dass ich diesen angeblichen und erkrankten Unternehmensberater, der nur Unheil gestiftet hatte, im Sinne der Anziehungskraft in mein Leben gelassen hatte.

Ich bin mir sicher, keine narzisstischen Züge an mir zu haben und ich bin mir sehr sicher, keine Lügnerin zu sein, noch viel weniger eine gemeine Betrügerin. Wie also konnte ich hier an das Gesetz der Wechselwirkung und Anziehungskraft glauben? Ich fühlte mich nur noch schlecht bei der Vorstellung, diese Wesensarten in **Resonanz** gebracht haben zu sollen. Dennoch wollte ich mich der Sache stellen und genau wissen, was da in meinem Leben passiert war. Ich hatte gelernt, dass Weglaufen keinen Sinn macht. So schwer es mir fiel, bereitete ich mich intensiv und mehrmals auf Meditationen vor. Meine Frage ans Unterbewusstsein lautete natürlich, »was hat das mit mir zu tun?« Und plötzlich erkannte ich die Situation:

Jahrelang hatte ich versucht, über meine Arbeit gesellschaftlich anerkannt zu sein. Dabei bin ich sogar so weit gegangen, dass ich einer mir untypischen Sozialisation gefolgt war, ohne eigene Träume zu verwirklichen. Ich hatte mich in meinem Leben selber belogen und betrogen. Mein personalisiertes Leben war weit weg von dem, was und wer ich wirklich bin. Schwächen kamen erst durch, als ich durch meinen Burnout krank am Boden lag. Bis dahin hatte meine Umwelt und sogar ich selber tatsächlich geglaubt, ich sei in dem, was ich lebte, authentisch. Beeindruckend war noch folgende Erkenntnis: Während besagter Mitarbeiter sich über drei Monate in meinem Unternehmen aufhielt, wurde ich gesundheitlich immer schwächer. Erstaunlicherweise berichtete dieser Mensch aus seinem Leben, er sei ständig von Kranken umgeben gewesen. Seine geschiedene Ehefrau, sein Arbeitskollege, seine Freundin, sein Schwiegervater in Spe, sein Vermieter – alle waren krank. Es scheint, als sei dies seine Welt. Für mich begann nach dieser Erfahrung eine andere Zeit, in der ich mich über ein mir zur Seite stehendes Superteam freuen konnte und vor Gesundheit nur so strotzte.

Erstaunlich war, dass ich diese Wechselwirkung nicht nur erkannt hatte, sondern dass mir dieses Erlebnis zu einer Zeit gespiegelt wurde, in der ich begonnen hatte, die universellen Kräfte zu verstehen. Sehr bewusst lernte ich, mein Leben auf Freude auszurichten. Wenn ich bis zu dieser Zeit noch ein gefühltes, sozialisiert-konditioniertes Problem damit hatte, zum Unverständnis meiner Umwelt vor wenigen Jahren meinen Vornamen geändert zu haben, so war dieses Problem von nun an aus der Welt. Ich fühlte mich befreit. Der Kampf um meine Existenz als Mechthild war vorbei. Als Meggi begann ich zu leben, was ich liebe. Endlich hatte ich begriffen, was es heißt, wenn man sagt: »Wenn es weh tut, ist es keine Liebe.« Seit dieser Zeit achte ich auf mein *Herzgefühl* und verlasse Situationen und Gespräche die mich schmerzen. Meine Achtsamkeit für mein Leben hatte sich erweitert.

All die Informationen und Erkenntnisse über die universellen Gesetzmäßigkeiten können sehr weh tun, wenn wir die »Spiegelung«, »Anziehung« und »Wechselwirkung« mit dem beurteilenden personalisierten Denken, anstatt einem *analytischen Betrachten* erklären wollen. Diese vier Gesetze wirken jede Sekunde konsequent und reagieren regelmäßig auf unsere Gefühlswelt.

Als geistiges Wesen, dass wir sind, stehen wir als *Gedankenbild* des universellen Geistes unserem erschaffenen, personalisierten Körper (Spiegelbild) gegenüber. Unsere Konditionierung ist, zu glauben, dass unser physisch personalisiertes Dasein (Spiegelbild) das Nullplusultra sei. Damit haben wir uns vom universellen Geist entfernt. Der universelle Geist hat kein Interesse daran, uns und unsere Gedankenwelt von einem menschlich-beseelten Wesen zu verlieren oder zu matern. Dieser universelle Geist ist bereit, uns, die wir uns *verselbstständigt* haben, aufzunehmen, solange dieses dem *Prinzip der Liebe* folgt.

Gedanken und Vorstellungen führen zu einer *Kettenreaktion* und es bleibt nicht aus, dass wir als physisch *empfindendes Wesen* gleichfalls Gedanken und Vorstellungen ins Universum versenden. Darin liegt die Macht, Wünsche zu manifestieren. Das *elektromagnetische Feld*, dass vom universellen Geist durchströmt wird, beziehungsweise der Geist selber ist, ist liebevoll. Intuitiv ahnte ich, welcher Unendlichkeit wir angehören. Und es machte sich in mir eine Ahnung breit, warum Wissenschaftler erklären, dass unser Universum rasant wächst. Diese Vorstellung von einer unendlichen, universellen Zugehörigkeit ist nicht nur gigantisch, sondern kann im dreidimensionalen Denken sehr beängstigend sein. Für mein Leben beschloss ich deshalb, als physischer Mensch weiterhin an den mir vertrauten, personalisierten Gott zu glauben und als geistiges Wesen die grenzenlose Zugehörigkeit zum universellen Geist tief zu verinnerlichen. Und ich beschloss weiterhin, gleichgültig meiner derzeitigen persönlichen Misere, ausschließlich Glücksgefühle zu leben. Mein Vertrauen zur universellen, göttlichen Liebe steigerte sich ins Unermessliche. Fast schien es mir unglaublich, wie sich mein Leben zu wandeln begann.

In einem Feld elektromagnetischer Kräfte kann es immer nur um Wechselwirkungen, Anziehungskraft und Analogien zwischen zwei Polen gehen. Das Gesetz der Wechselwirkung ist vom Gesetz der Anziehungskraft (Resonanz) kaum zu trennen. Da der **universelle Geist positiv** ist, sucht er im Sinne der Ähnlichkeit (Analogie) nach positiven Gegenpolen. Es geht um die Spannung zweier Pole, um beide Pole während des Wachstums im Gleichgewicht zu halten. Der Wissenschaftler hat diese Pole negativ und positiv genannt. Der **bewertende Mensch** versteht sie im Sinne soziologischer Beurteilung als »böse« und »lieb«. Das **Universum nutzt das Spannungsverhältnis bewertungsfrei** als Einheit, zum Wachstum. Auf dieser Basis entsteht der menschliche Aberglaube, man könne nicht positiv wünschen, ohne zeitgleich negative Folgen anzuziehen. Dabei haben wir vergessen, dass Sorgen krank und Visionen glücklich machen.

Die Vision von einem tollen roten Auto führt im elektromagnetischen Feld aller Informationen zu einer ersten Schwerkraftbildung. Diese steht als Polarität den gedanklichen Vorgaben gegenüber. Die sich bedingende Gegensätzlichkeit lautet Geist und Materie. Damit hat der Gedanke feinstoffliche »Materie« (Verdichtung) erschaffen. Von dem Moment an, da durch gedankliche Informationen eine Schwerkraftbildung erfolgt ist, kann *jedes Denken* (jeder denkende Geist) darauf zurückgreifen. Sogar das Erbauen und Handeln erfolgt zunächst über die gedankliche Vorstellung, bis jemand das erste rote Auto gebaut hat. Plötzlich entstehen immer mehr rote Autos und die Schwerkraftgebilde verdichten sich. Der Geist hat Materie erschaffen. In der Bibel findet man dazu den Spruch:

»... *Weiter sage ich euch: wo zwei unter euch eins werden, warum es ist, daß sie bitten wollen, das soll ihnen widerfahren von meinem Vater im Himmel. Denn wo zwei oder drei versammelt sind in meinem Namen, da bin ich mitten unter ihnen.*« (Matth. 18,20)

Indem ich mich mit universellen Gesetzen auseinandersetzte, verinnerlichte sich mir immer mehr, wie konträr der Mensch zu Gott, dem universellen Geist, steht. Während wir unser physisches Leben disharmonisch vergleichend bewerten, sucht der universelle Geist nach positiven seelischen Empfindungen. Konkret steht der Mensch mit seinem Krieg-, Kampf- und Machtgehabe dem universellen Suchen nach Liebe, Herzlichkeit, Glück, Freude gegenüber. Historische Zitate, wie zum Beispiel »... *wenn ihr nicht werdet wie die Kinder ...*« (Matth. 18,3) verraten eindeutig, was wir tun sollen: »Freut euch, habt Wünsche und genießt das Leben spielerisch, dann gehört ihr zu mir.« Später entdeckte ich in dem Buch »Quantenphilosophie und Interwelt« von Dr. Ulrich Warnke noch folgende Passage zum Gesetz der Resonanz:

»Mit dem Gesetz der Anziehung haben wir ein hocheffizientes Werkzeug in den Händen, um unserem Leben eine Wende zum Besseren zu geben. Alles hängt davon ab, dass wir ein Ziel definieren und positive Erwartungen hegen, denn dadurch werden die Chancen der Verwirklichung wesentlich verbessert. Wir ziehen das Ziel buchstäblich an uns, allein durch die Kraft der geistig- seelischen Konzentration.«

Das bedeutet, wir können uns die universellen Gesetze zunutze machen, indem wir positive Ziele und Erwartungen setzen. Wie in Kapitel VI. erläutert, spielen vor allem die Emotionen und Gedanken, die zu Gefühlen werden, eine bedeutende Rolle. Wenn der Mensch das Gefühl (Emotion und Gedanke, Kapitel VI.) produziert, »hurra, ich habe ein neues rotes Auto«, kann der universelle Geist gar nicht anders als dieses Auto tatsächlich zu materialisieren. Unsere **Gefühle sind wie Magnete**, die die Materie anziehen. Natürlich ist dieses Erleben unserer physischen, dreidimensionalen Welt angepasst, indem wir plötzlich das Geld haben, ein solches Auto zu kaufen oder es uns geschenkt wird. Die Polarität ist letztendlich dafür verantwortlich, dass wir als (Gefühls-)Adressat erkannt werden. Indem der Mensch einen gedanklichen Pol »rotes Auto« setzt, kann dieser nicht alleine existieren und zieht (Resonanz), je nach Intensität, einen materiellen Pol »rotes Auto« an. Wie lange diese Symbiose »Mensch und rotes Auto« hält, hängt von der Analogie ab.

Erinnern Sie sich, dass ich bereits in Kapitel IX. vom Gesetz der Analogie geschrieben habe? Dieses Gesetz macht sich oft in zwischenmenschlichen Beziehungen bemerkbar. Es heißt, »gleich und gleich zieht sich an«. Aber von dem Moment an, an dem sich einer der beiden verändert oder weiterentwickelt hat, trennen sich die Wege. Menschlich erscheint diese Situation wie eine Katastrophe, weil wir beurteilen. Ein Mensch hat sich verändert und so passt das ehemalige Gespann nicht mehr zusammen. Anstatt die Chance zu erkennen, dass durch die Trennung neue Möglichkeiten erwachsen, bremsen Eifersucht und falsch verstandene Verantwortung das Vehikel »(Neu-) Anfang« aus. Gerade die Analogie beweist, dass nur *Veränderungen aus der Stagnation* herausführen. Haben wir es hier nicht mit einem genialen universellen Geist zu tun? Warum vertrauen wir ihm nicht?

Wie sehr die universellen Gesetze im engen Kontakt mit unseren Gefühlen stehen, sollte nun eigentlich deutlich geworden sein. Der Wissenschaftler Gregg Braden (geb. 1954) erklärte auf einem Seminar folgenden Themeninhalt, den ich hier als Zusammenschnitt widergebe:

*»Der Mensch besteht aus **Quantenpartikeln**. Diese Partikel können miteinander kommunizieren. Da es keine Materie gibt, existiert nur eine Kraft, die die »Materie« zusammenhält. Diese Kraft ist **Bewusstsein**. Wir leben in einem **elektromagnetischen Feld** voller Informationen und Möglichkeiten. Überzeugungen sind der Code, der aus dem Feld aller Möglichkeiten »Materie« (Realität) erschafft. Die Emotionen bilden die Grundlage der Überzeugungen, die Gedanken geben die Richtung vor. Noch **effizienter** als der Gedanke ist das **Gefühl**, welches **im Herzen** entsteht. Das Herz erzeugt das stärkste elektrische Feld im Körper. Hundertmal stärker als das Gehirn. Das Herz erzeugt das stärkste magnetische Feld im Körper.*

Fünftausendmal stärker als das Gehirn. Wenn wir das Gefühl in unserem Körper verändern, verändern wir die Materie.«

Mit jeder weiteren Information begann sich, wie erwähnt, nicht nur mein Weltbild drastisch zu verändern, sondern mein Verständnis für die universellen Gesetze verfeinerte sich. Sogar auf meine Fragen des menschlichen Zusammenlebens fand ich Antworten. Historische Texte, die ich lange nicht verstanden hatte, ergaben plötzlich einen Sinn. Zwei dieser Texte lauteten:

»Liebe Brüder, so ein Mensch etwa von einem Fehler übereilt würde, so helfet ihm wieder zurecht mit sanftmütigem Geist ihr, die ihr geistlich seid; und sieh auf dich selbst, daß du nicht auch versucht werdest.« (Galater; Kapitel 6, Abs. 1)

»Ein jeglicher aber prüfe sein eigenes Werk, und dann wird er für sich selbst den Ruhm haben und nicht für einen andern« (Galater; Kapitel 6, Absatz 4)

Es geht nicht darum, andere zu überzeugen oder sich aufopfernd im Leben des Anderen einzumischen. Es geht darum, sein eigenes Leben im positiven Sinne **eigenverantwortlich**, glücklich-liebend zu führen. Hilfe kann nur solange sanftmütig angeboten werden, solange man selber keinen Schaden nimmt.

Essenz

1. Das Universum ist mathematisch genau.

2. Stress, Streit, Sorge, Ärger trennen den Menschen vom Universellen.

3. Die universellen Gesetze reagieren konsequent auf Gefühle.

4. Alle Gefühle stehen mit allen vier universellen Gesetzen in Verbindung.

5. Die vier universellen Gesetze sind eng miteinander verknüpft.

6. Wir leben in einem Feld vieler Möglichkeiten. Gedanken formatieren in diesem Feld ein Schwerkraftgebilde.

Quintessenz und fünftes Weltbild:

Wir sind geistige Wesen im Feld aller Möglichkeiten und damit positive Gedankengebilde des universellen Geistes. Schlussfolgernd gehören wir ihm, geschaffen, sein liebevolles Wachstum zu unterstützen. Unsere Aufgabe ist es, Impulsen zu folgen, Wünsche zu kreieren, um freudvolle, gesunde und glückliche Erfahrungen zu machen. Als Gedankengebilde unseres geistigen Wesens haben wir uns verselbstständigt und vom universellen liebenden Geist getrennt. Während der universelle Geist uns über Emotionen immer wieder auffordert, dem Glück und der Liebe zu folgen, haben wir verlernt, unseren Emotionen zu folgen. Unser personalisiertes Wesen Mensch lebt angstbesetzt und vertrauenslos. Es ist unsere Aufgabe, unser geistiges Wesen zu erkennen, um uns mit der liebevollen Schöpferkraft zu verbinden und zu wachsen.

XI. Das unendliche liebevolle Universum

Schon während meiner Recherchen über die universellen Gesetze blieb es nicht aus, dass mir Informationen über das Universum zukamen. Natürlich benötigte ich eine gewisse Zeit, um diese zu verinnerlichen und mein Weltbild anzupassen. Aus verschiedenen Quellen bezog ich Informationen, die mir bestätigten, dass die Realität, wie ich sie physisch erlebte, einzig durch den Geist erschaffen und veränderbar ist. In einem buddhistischen Lehrsatz fand ich zum Beispiel den Hinweis:

»Realität existiert nur da, wo der Geist und Verstand den Fokus hinrichtet.«

Albert Einstein soll unter anderem gesagt haben, dass sich hinter unseren Sinneswahrnehmungen ganze Welten verbergen könnten, von denen wir keine Ahnung hätten. Zwei seiner Zitate lauten:

»Das Problem ist heute nicht die Atomenergie, sondern das Herz des Menschen.«

»Phantasie ist wichtiger als Wissen. Wissen ist begrenzt, Phantasie aber umfasst die ganze Welt.«

All diese Mosaiksteinchen führten dazu, dass mein Verstand lernte, sich auf das scheinbar Unmögliche einzulassen. Durfte ich wirklich glauben, dass die **Realität durch den Fokus von Geist** *und Herz*, gewürzt mit einer Prise Phantasie, geschaffen würde? Nachdem ich mich in die Quantenphilosophie vertieft hatte, begriff ich sogar folgendes Zitat des Arztes Dr. Albert Schweizer in vollem Umfang:

»Die größte Entscheidung deines Lebens liegt darin, dass du dein Leben ändern kannst, indem du deine Geisteshaltung änderst.«

Es beeindruckte mich, wie viele Naturwissenschaftler bekundeten, dass das menschliche Fühlen und Denken unmittelbar mit dem Universellen im Zusammenhang stehe. Ich entdeckte Bücher renommierter Physiker, Philosophen und Dozenten, die erklärten, dass alles **Sein einem Geist** entspringe, wodurch alles, was ist, nicht nur vernetzt, sondern eins sei. In vielen verschiedenen Aufsätzen hieß es, dass es ein **kollektives Feld voller Informationen** gebe, auf dem wir uns mit unserer dreidimensionalen Welt bewegten. Also suchte ich nach Menschen, deren Aussagekraft durch Forschung, Beruf und Seriosität untermauert wurden. Im Zwiespalt aller unglaublichen Informationen sowie dem eigenen Empfinden wurde für mich ein Satz des Chemikers und Physikers Dr. Klaus Volkamer (geb. 1939) bedeutend:

»Die Ärzte glauben noch immer an die Physiker. Die Physiker glauben nur noch an den lieben Gott.«

Dieser Satz aus dem Munde eines logisch denkenden Naturwissenschaftlers gefiel mir nicht nur, sondern war mein Rettungsanker. Ich erinnerte mich erneut an den **ontologischen Gottesbeweis**, der ebenfalls von einem »notwendigerweise existierenden

Gott mit *positiven Eigenschaften*« ausgeht. Ich durfte also – bei allen unglaublichen rationalen Erklärungen und sachlichen Informationen aus der Quantenphilosophie über unser universelles Dasein im Netz aller Informationen – grundlegend an einen liebevollen Gott glauben. Wir leben in einem Zeitalter, in dem die Naturwissenschaft offiziell feststellt, an Grenzen zu stoßen. Namhafte Physiker und Chemiker berichten, dass einzig das alles durchflutende Bewusstsein die Welt zusammenhalte und modelliere. Es schien mir plausibel, als ich Dr. Ulrich Warnke in einem Interview sagen hörte:

»*Ich rede jetzt. Mein Geist als Wille steuert dabei Materie* …«.

Dieses Interview war der Beginn vieler weiterer Recherchen zum Thema Quantenphilosophie. Dr. Warnke erklärt diesen Begriff als eine Zusammenführung der Natur- und Geisteswissenschaften, die notwendig sei, um das neue Weltbild verstehen zu können. In der Quantenphilosophie steht das Bewusstsein im Mittelpunkt. Ich wollte so viel wie möglich über das neue Weltbild lernen. Mathematiker wie Kurt Gödel (1906-1978), Physiker wie Albert Einstein oder Philosophen wie Friedrich Wilhelm Joseph Schelling (1775–1805) beschäftigten sich mit der Frage, welche Kraft die Erde und Welt hält. Bereits Immanuel Kant stellte, wie in Kapitel VII. kurz erwähnt, die Fragen, »woher kommen wir?«, »wohin gehen wir?« und »warum sind wir hier?« Kant war vor allem von dem schottischen Philosophen und Historiker David Hume (1711–1776) inspiriert. Hume, der den Rationalismus kritisierte, vertrat die Meinung, Erkenntnis sei nicht allein durch den Verstand, sondern nur zusammen mit einer sinnlichen Anschauung möglich. Im Grunde, so Hume, sei Erkenntnis gar nicht möglich. Dieser Meinung konnte sich Kant nicht anschließen und widmete sich intensiv der Erkenntnistheorie. Seine Annahme war, dass **Raum und Zeit möglicherweise nicht existieren.** Dem folgend, kommt er letztendlich über seine drei bekannten Fragen, »was kann ich wissen?«, »was soll ich tun?« und »was darf ich hoffen?«, zu dem Ergebnis, dass es ein transzendentales Bewusstsein geben müsse und damit zu der in Kapitel VII. gestellten Frage, »was ist der Mensch?«

Dass Raum und Zeit nicht existieren würden, hatte auch Einstein postuliert. Angesteckt von diesen Thesen und Hinweisen entdeckte ich drei interessante Bücher, die meine aufkeimende neue Weltanschauung erheblich unterstützten. Der erste Titel hieß, »**Intelligente Zellen** – Wie Erfahrungen unsere Gene steuern« von dem amerikanischen Entwicklungsbiologen und Stammzellenforscher Dr. Bruce Lipton (geb. 1944). Der Autor postulierte, dass der Mensch aus fünfzig Billionen Zellen bestehe, von denen jede ein eigenes Gedächtnis, Atmungssystem, Immunsystem und Ausscheidungssystem besäße. Demnach wäre der Mensch ein Kollektiv aus Zellen, welches durch unser Gehirn gesteuert werde. Dr. Lipton erklärt, dass der Mensch in der Lage sei, seinen **Körper durch das Bewusstsein zu beeinflussen.** Überzeugend stellt er vor, dass wir nicht von unseren Genen abhängig seien, sondern von dem, was wir über uns denken. Das Buch »Die Entstehung der Welt« von Jörg Starkmuth war ebenfalls hoch interessant. Der Ingenieur für Nachrichtentechnik erklärt anschaulich, wie unser Gehirn die Wahrnehmung der Umwelt auf ein für uns verständliches Maß reduziert. Seine Ausführungen zu einer tatsächlichen, fast unbeschreiblichen *energetischen Welt*, die mit Worten kaum zu erklären ist, vermittelt einen besonderen Blick auf unsere dreidimensionale Lebensweise. Mit anschaulichen Bildern und Erklärungen beschreibt er die Distanz zwischen ein- bis höherdimensionalen Welten. Mit seinem Werk schließt sich der Autor den Aussagen weiterer moderner Naturwissenschaftler an:

*»Wir sind die **Schöpfer** unserer eigenen Wirklichkeit. Die Welt, die wir erleben, entsteht erst durch unsere bewusste Wahrnehmung, die aus dem gigantischen Spektrum aller Möglichkeiten eine bestimmte, mehr oder weniger scharf abgegrenzte Realität herausfiltert. Das grundlegende Kriterium ist dabei die Widerspruchsfreiheit der erlebten Realität.«* (Jörg Starkmuth)

Besonders der letzte Satz verweist auf die, von mir in Kapitel VIII. erläuterte größte Konditionierung der Menschheit. Unsere dreidimensionale Welt erscheint uns derart widerspruchsfrei realistisch zu sein, dass wir diese größte aller Konditionierungen nicht wahrnehmen. Ein weiteres Zitat aus »Die Entstehung der Realität« lautet:

*»In jedem Augenblick unseres Lebens senden wir — bewusst oder unbewusst — ‚Bestellungen‘ aus, die die Wahrscheinlichkeiten bestimmter Zukunftsvarianten beeinflussen. **Wer in der Lage ist, dieses Prinzip bewusst zu nutzen, kann Ergebnisse bewirken**, die um Größenordnungen von der statistisch zu erwartenden Wahrscheinlichkeit abweichen.«* (Jörg Starkmuth)

Unglaublich, nicht wahr? So habe ich es zunächst auch empfunden, und als einstige »Realistin« suchte ich weiter, was andere gelehrte Menschen dazu sagten. Ich begann zu begreifen, dass alles, was ist, aus Liebe entstehen muss, denn wenn alles ein Geist ist, wird dieser nicht wirklich etwas Boshaftes gegen sich selbst unternehmen. Mein Interesse über das Wesen unseres Daseins erweiterte sich von Information zu Information. Auf diesem Wege entdeckte ich Schriften von Francis von Verulam Bacon, einem Staatsmann, Philosophen und Essayisten (1561–1626), der schrieb:

»Wir dürfen das Weltall nicht einengen, um es mit den Grenzen unseres Vorstellungsvermögens anzupassen, wie der Mensch es bisher zu tun pflegte. Wir müssen vielmehr unser Wissen ausdehnen, sodass es das Bild des Weltalls zu fassen vermag.«

Fasziniert war ich auch von Buch »Quantenphilosophie und Interwelt« von Dr. Ulrich Warnke (geb. 1945). Dem in Biologie, Geografie, Pädagogik und Physik studierten Menschen kann ich absoluten Glauben schenken. Nicht nur, weil er sich als Universitätsdozent in Biophysik, Biomedizin, Umweltmedizin, Psychosomatik, Physiologische Psychologie und Präventiv-Biologie einen Namen gemacht hat, sondern weil er mich mit seinem Buch an Erfahrungen aus meiner Kindheit erinnerte.

Es gab in meiner Kindheit und Jugend drei Träume, die sich über Jahre hin wiederholten. Einer davon war für mich derart illusionär, dass ich ihn für mich behielt, um nicht ausgelacht zu werden. In diesem Traum erlebte ich, dass mein Vater gestorben sei und ich ihn im »Himmel« suchte. Dieser Himmel war hell, und ich befand mich auf einer großen einsamen Wiese. Ohne zu sprechen, stellte ich nur mit meinem Herzen die Frage, wo mein Vater wäre. Ich erhielt eine Antwort, ohne jemanden zu sehen. Es war, als würde diese Antwort mich aus dem Nichts umhüllen, und es hieß, ich solle mir mein Elternhaus hier, auf dieser Wiese vorstellen. Stein für Stein sollte ich es ich Gedanken aufbauen, um anschließend hineinzugehen. Dort würde ich meinen Vater finden.

Tatsächlich begann ich, mein Elternhaus in Gedanken aufzubauen und war zum Teil von Angst erfüllt, denn es schien mir äußerst seltsam, dass sich mein Elternhaus auf dieser Wiese formatierten sollte. Noch heute kann ich meine Gefühle nachempfinden. Es war ein Gemisch aus Angst, Erstaunen, Hoffnung und vor allem Liebe zu meinem Vater. Im Traum baute und baute ich, bis ich erwachte. Ich spürte, wie schwer es war, in Gedanken bei dieser Arbeit zu bleiben und Stein für Stein aufeinander zu setzen. Es war eine so deutliche Erfahrung, die mir sagte, dass nur meine Liebe fähig wäre, jeden Stein auf den andern zu setzen. Je öfter ich diesen Traum träumte, desto mehr glaubte und vertraute ich ihm Nacht für Nacht. In meinem Tag-Leben schrieb ich diesen Traum jedoch jahrelang als unbedeutende Luftblase, nach dem Motto »Träume sind Schäume« ab. Mein Vater lebte, und ich konnte mir als realistisch denkender Mensch nicht vorstellen, wie sehr dieser **Kindertraum** ein Wink des Himmels war. Und nun stand ich da, im Jahre 2016, und hielt das Buch des Naturwissenschaftlers Dr. Ulrich Warnke in Händen. Begeistert las ich Warnkes Publikation über die geistige Natur des Menschen bis hin zur Erklärung der Quantenphilosophie und seinen Aussagen, wie wir unsere Zukunft selber erschaffen. Als wäre es ein Déjà-vu, studierte ich jede Zeile seines Buches und begriff, was inzwischen viele Naturwissenschaftler erklären:

Unsere sogenannte **Realität** ist im Grunde eine **perfekte Illusion**, die der Geist über das Bewusstsein erschafft. Dr. Warnke führt aus, dass wir im vollen Sinne des Wortes ein Bestandteil des Universums seien und mühelos alle vorhandenen Informationen abrufen könnten. Er berichtet, dass unsere **Gedanken mächtige Gefühlsproduzenten** seien, selbst in den Momenten, in denen wir dies nicht registrierten. Besonders beeindruckt war ich von seinem folgenden Satz:

»Wir führen ein Doppelleben – ein zeitlich begrenztes in der Materiewelt und ein unbegrenztes in der Interwelt.«

Dieses Gespür, ein »Doppelleben« zu führen, hatte ich bereits, während ich mich mit Themen zum universellen Geist und seinen vier Gesetzen auseinandersetzte (Kap. V. und X.). Daher konnte ich seinen Ausführungen sehr gut folgen. Kurz bevor ich Dr. Warnkes Buch in den Händen hielt, hatte ich ein Interview mit dem Kardiologen Pim van Lommel gehört. Dieser erklärte, dass das Informationsfeld, dem wir angehören, nicht ortsgebunden sei und wir uns im Falle des Todes direkt in diesem Informationsfeld befinden würden. Ich staunte nicht schlecht, als ich diesen Hinweis auf den niederländischen Arzt und Wissenschaftler auch in Dr. Warnkes Buch wiederfand. Dr. Warnke führte sogar aus, dass die Seele im Sterben die Interwelt betrete, die sie selbst geschaffen habe. Je liebevoller wir mit unseren Gedanken umgehen würden, desto liebevoller würden wir aufgenommen werden. Dr. Warnkes Botschaft lautet:

»In unserem Universum wirken verborgene Einflüsse, unsichtbar fürs Auge, unsichtbar auch für die herkömmlichen Naturwissenschaften. Wir leben in der Schöpfungswirklichkeit eines hochintelligenten, universalen Geistes.« ... »Es gibt keine gesicherte Realität.« »Die Realität ist eine perfekte Illusion.«

Entsprechend bestätigte sich, dass, wenn das Universum positiv, also Liebe ist, nichts ohne Liebe geschehen kann. Im Grunde bräuchte der Mensch nur diesem Vorbild zu folgen. Der menschliche Irrtum, selbstbestimmt besser leben zu können, endet in Schuldzuweisungen, Verletzungen und Diskriminierungen sowie in Streit, Mord und Totschlag. Das alles hat nichts, wie bereits umfassend erwähnt, mit der universellen Liebe zu tun. Angesichts meiner Kindheitserfahrungen und den Informationen aus dem Buch spürte ich, dass der universelle Geist nicht nur unser Schöpfer ist. Ich begann zu begreifen, dass die Welt und alles, was lebt, Teil des gigantischen Geistes ist und dass jeder Geist, ob menschlich, tierisch oder pflanzlich, ebenfalls erschaffen kann.

»... und Gott schuf den Menschen ihm zum Bilde, zum Bilde Gottes schuf er ihn; und schuf sie einen Mann und ein Weib ...« (Mose 1,26)

Der Philosoph Dr. Reinhard Brandt (geb. 1937), der über die Astrologische Urteilslehre promovierte, führt in seinem Buch

»Können Tiere denken?« aus, das dem Tier zum Denken die notwendigen Begriffe fehlten. Dennoch verfügten Tiere über ein Bewusstsein sowie über emotionale Regungen. Die Grundvoraussetzungen Bewusstsein und Emotionen seien damit, wenn auch eingeschränkt, vorhanden. Der Biologe Dieter Volkmann, der im Bereich Zell- und Membrandynamik forscht, erklärte 2010 der Onlinezeitschrift »Welt n24«:

»Für uns gibt es zwischen Tier- und Pflanzenwelt kaum noch Unterschiede.«

Im Jahr 2009 veröffentlichte er die These, dass Mais im Erdboden ein intelligentes Eigenleben führe. Schon Jahre zuvor hatte ich von Menschen gehört, die mit ihren Pflanzen sprechen, und mich gefragt, ob tatsächlich eine Kommunikation möglich wäre. Dass ich mit meinen Hunden auf besondere Weise kommunizieren konnte, war mir klar. Aber mit Pflanzen? In dem Moment wurde mir sehr deutlich, wie schwer es ist, Neues und Ungewohntes annehmen zu können. Man muss sich wohlwollend auseinandersetzen, anstatt nur abzulehnen. Also beschäftigte ich mich auch mit diesem Thema und fand weitere Erklärungen, wie es möglich wäre, dass Gedanken zwischen so unterschiedlichen Lebewesen, verbindend sein können. Dr. Volkamer beschäftigt sich mit der Feinstofflichkeit und konnte glaubhaft belegen, was bereits vor 100 Jahren an Nachweisen zu diesem Thema vorgelegt wurde. Er berichtete in einem Interview, dass »*die Tür zur Feinstofflichkeit die Gravitationsanomalien*« seien. Dieses Feld der Feinstofflichkeit durchdringe nicht nur uns Lebewesen, sondern verbinde alle Materie miteinander. Die Auseinandersetzung mit diesem Thema fiel mir nicht leicht. Dennoch studierte ich die Literatur immer wieder, bis ich ein einfaches Verständnis dafür bekam.

Wenn wir in einem feinstofflichen Feld existieren und Gedanken energetische Schwerkraftbildung durch Anziehung bewirken, sind wir nichts anderes als Gedankengebilde einer gigantischen Überzeugung.

Diese Überzeugung ist derart groß, dass wir uns als Materie wahrnehmen. Infolge existiert alles SEIN ausschließlich aus Information und muss untereinander nicht nur kommunizieren, sondern erschaffen können. Diese »Unglaublichkeiten« beeindruckten mich derart stark, dass ich mich lange mit den Untersuchungen und Experimenten des Wissenschaftlers auseinandersetzte.

Tatsächlich stieß ich auf Berichte, in denen Forschungsteilnehmer bestätigten, wie Dr. Volkamer nachweisen konnte, dass gedankliche Impulse das Gewicht einer Röhre messbar steigerten. Auslöser dieser Gewichtszunahme war die Konzentration auf die Röhre. Über diese Ausführungen begriff ich, welche Macht unsere Gedanken haben und wie sehr sie unser Leben beeinflussen. ***Mit diesem neuen Wissen stieg meine Achtung vor dem Leben gewaltig.*** Vor allem veränderte sich meine Sichtweise bei der Betrachtung der Welt. Da sich der universelle Geist in allem, was lebt, als Bewusstsein befindet, begann ich, die Welt und alles Sein als zusammenhängendes Ganzes zu betrachten. Carl Friedrich von Weizsäcker, so schreibt Dr. Warnke in seinem bereits zitierten Buch, habe einmal gesagt,

»Der Körper ist nur die Form, in der eine Seele der anderen erscheint.«

Als ich diesen Satz gelesen hatte, ging mir die Frage durch den Kopf, wie unwürdig wir Menschen durch unsere Beurteilungsweisen mit allem was lebt umgingen. Im menschlichen, egozentrierten Denken fehlt die notwendige Wertschätzung für alles SEIN. Dies scheint der Grund zu sein, dass wir das Paradies verloren haben. Um die Einheit allen SEIN`s zu verinnerlichen, rief ich mir in Erinnerung, was ich bei Charles F. Haanel gelesen hatte:

»Das Universale Bewusstsein ist statische oder potentielle Energie, es ist einfach. Es kann sich nur durch das Individuum manifestieren, und das Individuum kann sich nur durch das Universale manifestieren. Sie sind sein.«

Mit dieser Bekundung der Wechselwirkung zwischen dem individuellen und universellen SEIN, das alles eins und untrennbar ist, verstand ich endlich einen Bibelspruch, der mir lange Zeit suspekt gewesen war. Unter 2. Mose 3,14 steht:

»Ich bin der ich bin!«

Je nach Betonung erschließt sich in diesem Satz alles, was ich über meine neue Weltanschauung gelernt hatte.

»Ich bin« ist ein Tatsachenhinweis in dem Sinne, als bestimmtes »SEIN« vorhanden zu sein. »Ich bin der« geht einen Schritt weiter und verweist vom eigenen »SEIN« auf ein anderes »SEIN«. Letztendlich erfolgt die Gegenüberstellung zweier »SEIN«, die doch eins sind.

Im personalisierten Denken ist es uns Menschen kaum möglich zu glauben, dass ein anderer Mensch oder gar der universelle Schöpfer mein eigenes ICH sei. Im universellen Denken ist dies jedoch die Grundlage alles SEINs. Übersetzt man diesen Spruch aus dem Hebräischen, verweist er sogar auf die Möglichkeit der persönlichen Veränderung jedes SEINs:

»Ich werde sein der ich sein werde.«

Im Kern bleibt es jedoch die Einheit, der viele verschiedene Ausdrucksweisen angehören. Dazu findet sich unter historischen Texten folgendes: Matth. 25,40:

»Was Ihr für den geringsten meiner Brüder getan habt, das habt Ihr mir getan.«

Für mein Leben wurden diese Aussagen so bedeutend, dass ich sie tief in mir verankerten. Von nun an wollte ich aller Diskrepanz aus dem Weg gehen, indem ich meinen positiven, phantastischen Lebensvorstellungen folgte. Das Beurteilen anderer SEINs steht mir nicht zu und gehört nicht zu meiner Lebensaufgabe. Einzig der **Austausch**, wie viele **Möglichkeiten** zu leben es gibt, erscheint sehr interessant und inspirativ. Wir leben in einem feinstofflichen Informationsfeld als Gedankengebilde eines großen allumfassenden Geistes und haben uns, ängstlich wie wir sind, zu einem ungläubigen und exzentrischen Denker konditioniert. Tatsächlich könnten wir in Erinnerung unserer universellen Zugehörigkeit vertrauensvoll bewegen, um Großes zu bewirken. Mit diesem neuen Weltbild zu leben, fällt nicht immer leicht und ich erinnerte mich daran, glauben zu dürfen, dass es Gott und den Menschen gibt. Ich darf meine physische Welt, wie ich sie kenne, behalten. (Kap. XI. Dr. Klaus Volkamer) Aber das Wissen um die tatsächlichen Hintergründe sollte mich aufmerksam machen, welche tragende gigantische Liebe mir die Wünsche meines Lebens erfüllt. Indem ich dazugehöre, wurde mir meine eigene Lebens-Verantwortung deutlich. Von diesem Moment an betrachtete ich jeden Menschen, jede Pflanze, jedes Tier mit dem liebevollen Gedanken

»Ich bin der … ich bin«.

Ich begann zu verinnerlichen, dass ich nicht nur einem von mir ausgewählten Vorbild nacheifern sollte, sondern schätzen lernen wollte, dass ALLES LEBEN und SEIN unmittelbar miteinander verknüpft ist. Welche Erfahrungen unser allumfassendes Bewusstsein durch viele andere Leben macht, ist zu respektieren und nicht zu diskriminieren. Mir wurde bewusst, dass ich in meinem Leben nicht morden, töten, lügen oder sonst wie brutal sein wollte. Ich wollte glücklich und erfüllt leben, Menschen kennenlernen, lesen und eine heiter-bunte Welt erleben.

Plötzlich erkannte ich, welch großes Erbe ich durch meine Eltern erhalten hatte: Mein Vater hatte mich gelehrt, die Welt in all ihrer Schönheit mit Humor und Freude zu betrachten. Meine Mutter lehrte mich mit disziplinierter Geisteskraft, an der eigenen Person zu arbeiten. Ich hatte verstanden, dass alles aus Liebe geschieht. Auch wenn ich nicht den gesamten menschlichen Komplex aller Konditionierungen, Schuldzuweisungen und Kriegsgeschehen verstehen konnte. Ich begann, meine **Verantwortung** für mein Leben aus einer universellen Sichtweise zu erkennen, und die hieß: Ich will Spaß, Humor, Glückseligkeit und Erfüllung erleben. Los, komm, hole Dir das **Ticket »Leben mit Spaß«**.

Warum machen wir Menschen uns gegenseitig das Leben schwer? »Gott-ähnlich-sein« ist positiv. Warum gestalten wir unser Leben nicht positiv, gemäß der Impulse, die der universelle Geist uns schickt? Warum verleugnen wir Glück verheißende Wünsche und erklären, »das kann ich mir nicht leisten?« Wenn dieser göttliche Impuls uns rät, von einem Wunsch zu träumen, sollten wir es tun.

So leicht, wie ich mir diese Fragen inzwischen stelle, waren sie jedoch nicht immer umzusetzen. Einerseits hatte ich mir vorgenommen, liebevoll leben zu wollen, andererseits war es schwierig, mit tiefen **Verletzungen** umzugehen. Erinnern Sie sich noch an mein Erlebnis mit dem Finanzmagnaten aus Kapitel IX.? Dieser Mensch, dessen Wort in der Gesellschaft hoch angesehen ist und dem sofort mehr Glauben geschenkt würde als mir, hatte sich nicht nur über geltendes Recht hinweggesetzt, sondern mich persönlich in diffamierender Weise beschuldigt. Dagegen wehren konnte ich mich nicht, und die Verletzungen taten unglaublich weh. Ich musste, behaftet mit einem verleumderischen Makel einen Weg finden, mit meinen tiefen Verletzungen umzugehen, denn mein Ziel war es, glücklich zu leben. Mit mir und meiner

Verletzung allein, stellte ich mir die Frage, was ich tun könne. Erstaunlicherweise erinnerte ich mich in dem Moment an eine längst vergessene Lektüre.

Im Schirner-Verlag ist 2013 das Buch des Autors Ulrich Emil Duprée »Ho'oponopono« erschienen. Ho'oponopono ist ein hawaiianisches Vergebungs-ritual, bei dem es um die Schwingungen gegenseitiger Kommunikation innerhalb der universellen Einheit geht.

Dieses Jahrtausendende alte Ritual besagt, dass man die äußeren Probleme nur heilen kann, indem man die innere Resonanz heilt. Der grundlegende Satz bezieht sich darauf zu wissen, dass die eigene Resonanz Tatsachen erschafft. Die angestrebte Selbstvergebung beruht auf der Erkenntnis, dass es mir leid tut, mit meiner Resonanz den anderen in seiner Entwicklung behindert zu haben. Ziel ist es, die *Kraftquelle der Eigenliebe* wiederzufinden. Dafür spricht man seiner eigenen Seele folgende Worte zu: »Es tut mir leid.« »Bitte verzeih mir.« »Ich liebe Dich.« »Danke«. Wenn man dieses Ritual mehrmals durchgeführt hat, verinnerlicht sich dessen Bedeutung und es reicht künftig aus, bei seelischen Verletzungen inständig und in glaubwürdiger Bedeutung das Wort »Ho'oponopono« auszusprechen.

Das Schöne dabei ist die Möglichkeit, über diesen Ausdruck alle Disharmonien zu klären, die durch zwischenmenschliche Beziehungen entstanden sind. Es mag schon sein, dass das betroffene Gegenüber nicht immer die heilende Schwingung zulässt und verhärtet im Streit verbleibt. Doch das ist unabhängig von der eigenen Person. Wie bereits unter Kapitel X. erläutert, besagt auch die historische Schrift unter Galater, Kapitel 6, Absatz 4:

»Ein jeglicher aber prüfe sein eigenes Werk, und dann wird er für sich selbst den Ruhm haben und nicht für einen andern.«

Besonders schön ist es jedoch, wenn die eigene Vergebung auch den jeweiligen Bezugspartner erreicht, so wie es mir in einer anderen Situation ergangen ist:

Ich fühlte mich von einigen mir nahestehenden Menschen regelrecht missbraucht. Deren Sorgen und Nöte sollte ich seit geraumer Zeit teilen, aber um mit mir zehn Minuten spazieren zu gehen, war keine Zeit. Die Informationen, die ich zur Abwendung der Sorgen angeboten hatte, verwehten im Wind, und ich spürte, wie ich hilflos in den Sorgen der anderen ertrank. Zusätzlich hörte ich nur die Beschimpfung, kein Verständnis zu besitzen. Nach einigen unterdrückten Gefühlen platzte meine Wut, und ich trennte mich aus einer letzten Situation voller gegenseitiger Vorwürfe. Als ich allein war, spürte ich die tiefe Verletzung, die das Zerwürfnis verursacht hatte. Einerseits liebte ich diese Menschen, andererseits fühlte ich mich nur noch benutzt. Nachdem ich mich an das »Ho'oponopono« erinnert hatte, führte ich das komplette Ritual durch. Ich stellte mir vor, dass mein Inneres das Innere der andern aufgewühlt hatte und begann, die vier Sätze inständig zu beten. Es dauerte nicht lange und ich spürte meinen Seelenfrieden zurückkehren. Ich hatte nicht einmal mehr die Zeit zu überlegen, wie ich nun auf die anderen wieder zugehen könnte, als es an der Tür klingelte.

Sie waren da und wir fielen uns mit den Worten in die Arme: »Es tut mir leid.«

Grundsätzlich geht es immer darum, die innere Harmonie zu allem Erleben herzustellen, um mit der universellen Kraft in positive Schwingung zu kommen. Natürlich verlangt dieser Anspruch, dass Sie achtsam mit Ihren Gefühlen, Gedanken und Beziehungen umgehen sollten. Doch es heißt nicht, dass Sie Ihr physisches Leben vernachlässigen müssen. Leben Sie im Hier und Jetzt, um so viele glückliche Minuten zu erleben wie möglich. Und bedenken Sie stets, dass Sie den universellen Gesetzen in jeder Sekunde Ihres Lebens ausgesetzt sind, die in unserem gemeinsamen Feld aller Möglichkeiten ausschließlich positive Impulse, Gefühle und Gedanken suchen.

Wenn Sie die Liebe zum Leben entwickeln, wird Sie das auf eine ungeahnte Weise bereichern. Und dieses letzte Wort können Sie in dem Fall sehr wörtlich nehmen. Es geht einzig und allein um Ihre Gefühle, Empfindungen und Träume. Gefühle sind der Magnet, über den Ihre kreativen Träume und Visionen Wahrheit werden.

Lieben Sie in Ihrer Vorstellung ein Leben, wie sie es gerne hätten. Vielleicht bedingt dies große (schmerzliche) Veränderungen, denn Sie werden Altes *loslassen* müssen. Doch ab dem Moment wird eine gigantische Herzvision zu einem gigantisches Leben werden.

Essenz:

1. »Das Problem ist heute nicht die Atomenergie, sondern das Herz des Menschen.« (Albert Einstein)

2. Realität wird durch den Geist beziehungsweise die Geisteshaltung erschaffen.

3. Das alles durchflutende Bewusstsein hält die Welt kraftvoll zusammen.

4. Zwischen dem individuellen und universellen Geist besteht eine Wechselwirkung.

5. Pflanze, Tier und Mensch sind über das Feinstoffliche Energiefeld miteinander verbunden.

6. Jeder Mensch hat die Verantwortung für das eigene Leben beziehungsweise Dasein.

7. »Ich bin der Ich bin« bedeutet: ALLES LEBEN und SEIN ist unmittelbar miteinander verknüpft und mündet in einem Ganzen.

8. Raum und Zeit existieren nicht, sondern sind nur Maßeinheiten des Menschen.

9. »Wir leben in der Schöpfungswirklichkeit eines hochintelligenten, universalen Geistes.« (Ulrich Warnke)

10. »Ho'oponopono«, dieses Jahrtausendende alte Ritual heilt seelische Verletzungen und führt zur inneren Harmonie.

11. Alles geschieht aus Liebe.

Quintessenz:

Im energetisch-feinstofflichen Feld aller Möglichkeiten sind wir Gedankengebilde einer gigantischen Eigen-Überzeugung. Der universelle Geist erschafft Gravitationsanomalien, die wir als Materie bezeichnen und wahrnehmen. Dieses universelle Dasein lässt sich nur schwer mit Worten und Begriffen erklären. Unsere Verantwortung liegt darin, die Einheit allen SEINs zu erkennen, zu respektieren und positiv zu unterstützen. Das Augenmerk sollte darauf gerichtet sein, im Leben Freude, Harmonie, Spaß, Gesundheit und Erfüllung zu erleben.

XII. Wiederkehrende Informationen führen zum Glauben, der Berge versetzt.

Die vielen Informationen hatten mein ursprüngliches Weltbild inzwischen komplett verändert, obwohl ich nicht wie die Wissenschaftler die jeweiligen chemisch-physikalischen Abläufe zu erklären verstand. Zu Beginn meiner Informationsreise konnte ich mich nur schwer auf das Unglaubliche einlassen, doch eins wusste ich: Wenn ich in meinem Denken verharre und Neues ausschließe, wird sich nichts ändern. In der Geschichte gab es, wie in Kapitel VI. erwähnt, viele Beispiele, die bestätigten, dass Erfinder, Wissenschaftler und Philosophen verhöhnt und verlacht wurden, und erst spät setzten sich ihre Erkenntnisse durch. Warum sollte ich also, all das Unbekannte, von dem die Wissenschaftler berichteten, ablehnen? Deshalb nahm ich mir vor, so viel wie möglich verstehen zu wollen, um mir ein Urteil bilden zu können. Auf einem Symposium zum Thema »Quantenphilosophie und Spiritualität« erklärte der Physiker Dr. Ulrich Warnke Folgendes:

*»Wir und alle andere **Materie bestehen zu 99,999 %** des Raumvolumens aus **masseleerem »Vakuum«.** Würde man diesen Masse-leeren-Raum entziehen, müsste man den Menschen mit der Lupe suchen. Dass sich der Mensch dennoch als feste Materie fühlt, liegt daran, dass Moleküle eine enorme Kraft besitzen.«*

Auch diese Aussage konnte ich zunächst kaum glauben, doch es gab noch weitere Informationen, die dieser ähnelten. Untermauernd fand ich im Internet eine Aussage des ungarisch-amerikanischen Physikers und Nobelpreisträgers Dr. Eugene Paul Wigner (1902–1995):

»Die Quantentheorie beweist die Existenz eines universellen Bewusstseins im Universum.«

Auch Dr. Wigner erklärte, dass das menschliche Bewusstsein ein Teil des universellen Bewusstseins sei. Logischerweise, so die Schlussfolgerung, nimmt der Mensch Einfluss auf das universelle Bewusstsein und verändert es. Dies, so verknüpfte ich, war der Grund, warum Bärbel Mohr von den »Bestellungen im Universum« überzeugt sein durfte. Durch Beispiele erkannte ich, das heiter-unbeschwerte Menschen, ähnlich wie Kinder, mit ihren »Bestellungen«, bereits sehr erfolgreich waren, während ich als belächelnder Realist lange meine Probleme damit hatte. Ungläubige Angst scheint ebenso tief verankert zu sein, wie liebevolles Vertrauen. Ich wählte den Weg, mich über weitere Informationen von der neuen Weltanschauung tiefgreifend zu überzeugen. Erstaunlich war noch ein weiterer Hinweis von Dr. Warnke über eine Aussage Einsteins:

»Ein menschliches Wesen ist ein Teil des Ganzen, das wir »Universum« nennen … Es erfährt sich selbst, seine Gedanken und Gefühle, als etwas von allem anderen Getrenntes – eine Art optische Täuschung seines Bewusstseins.«

Passend dazu führt Dr. Warnke aus:

»Die materielle Welt kann auf keinen Fall existieren ohne die Spiegelung der inneren Welt.«

Damit verweist er eindeutig auf das Gesetz der Wechselwirkung, welches ich in Kapitel X. beschrieben hatte. Alle Erklärungen, die ich gelesen oder gehört hatte, lieferten das gleiche Ergebnis. Das universelle Bewusstsein ist Schöpfer allen Seins. Indem wir Menschen ein Teil des universellen Bewusstseins sind, sind wir **gleichsam Schöpfer.** Die Aussagen der Wissenschaftler wurden für mich immer eindeutiger und verständlicher, doch das dreidimensionale menschliche Empfinden in mir suchte weiter nach einem »personifizierten Gott«. Ich spürte den Spagat zwischen dem wachsenden Vertrauen zur geistig-universellen Verbindung und dem spürbaren, physischen Leben. Und so war ich froh, als ich noch folgendes Buch entdeckte: »Das Haus Gottes, das seid ihr selbst« von Ralf M. W. Stammberger, Claudia Sticher, Annekatrin Warnke (Herausgeberin). Die Autoren beziehen sich bei nachfolgendem Text auf Richard von St. Viktor, einen schottischen Augustinerchorherrn. Richard lebte zwischen 1110 und 1173 und war in Paris einer der bedeutendsten Theologen, der erklärte:

*»Gott hat die Menschen so geschaffen, dass sie auf ihre **Weise an seiner Glückseligkeit** teilhaben können, nämlich durch diese **zwei geistigen Fähigkeiten,** die dem Menschen durch die Schöpfung gegeben sind*:

Erkenntnis *(>ratio</>intellectus>) und Liebe beziehungsweise **Affekt** (>dilectio>/>affectus<).*

*Der Mensch ist einerseits **Ebenbild Gottes**, indem er die Wahrheit und schließlich Gott selbst erkennt. Der Mensch vollzieht andererseits seine Gottähnlichkeit dadurch, dass er die in ihm angelegte **Liebesfähigkeit** in die Tat umsetzt. **Erkennen und Lieben** sind einerseits zu differenzieren, sie ermöglichen andererseits aber gemeinsam die **Rückkehr** des Menschen zu seinem Urgrund, **zum Schöpfer**, und verwirklichen so die Teilhabe an der Glückseligkeit Gottes.«*

Mit jeder weiteren Information verinnerlichte ich immer mehr, dass ich tatsächlich von meiner neuen Weltanschauung überzeugt sein durfte. Und so erwachte der Wunsch, Wege zu finden, über die ich mich mit der universellen Kraft verbinden könne. Aus dem Buch »**Du bist das Placebo**« von Dr. Joe Dizpenza erfuhr ich, dass der **menschliche Geist**, durch seine **universelle Verbindung** die **Macht** hat, den eigenen **Körper** zu **heilen**. Dazu ist es notwendig, *alte Denkgewohnheiten* zu *verlassen* und neues Denken zu trainieren. Mit diesem Buch, in dem er auf viele Untersuchungen zurückgreift, überzeugte mich der Arzt und Wissenschaftler, dass es möglich ist, die körperliche Beschaffenheit fundamental zu verändern. Um Veränderung zu erreichen, gilt es, während der Meditationen *drei gedankliche Elemente* zu durchlaufen. Es geht in dem Moment darum, seine *Konditionierungen* (z. B. Schmerz/Schmerzmittel) zu erkennen, um die damit verbundenen *Erwartungen* (Suggestion/ Glaube/Überzeugung) zu verändern. Je häufiger diese zwei Abläufe gedanklich-meditativ neu durchlebt werden, ändert sich zunehmend die **Bedeutung** (willentliche Absicht) der Verhaltensweisen. Besonders die Wiederholungen meditativer Verhaltensveränderungen führt im Nervensystem zu neuen neuronalen Verkopplungen und ändert somit das Denkmuster. Diese Informationen nutzte ich, um meine **Meditationen zielgerichtet** einzusetzen. Indem ich aufsteigende Ängste während der Meditation zuließ und hinterfragte, erkannte ich, was ich ändern wollte (Konditionierung feststellen). Anschließend malte ich mir, mit aller mir möglichen Herzkraft, ein wünschenswertes Leben aus (Erwartung verändern) Das ich damit mein autonomes Nervensystem anfeuerte, um anders denken zu lernen, wusste ich aus dem genannten Buch (Bedeutung/Wille).

Gewohntes ist derart stark, dass man oft an Grenzen gerät und zu zweifeln beginnt. Doch dagegen wehrte ich mich und setze meinen Willen ein, um Veränderungen vorzunehmen. Mein Leben gewann an positiver Intensität, denn neben meinen Meditationsübungen informierte ich mich immer mehr darüber, wie ich mein Leben wie gewünscht verändern könnte. Der deutsche Journalist und Dichter Matthias Claudius (1740– 1815) hatte gesagt:

»Die größte Ehre, die man einem Menschen antun kann, ist die, dass man zu ihm Vertrauen hat.«

Plötzlich erinnerte ich mich an ein Lied, welches ich als Kind immer in der Kirche gehört hatte:

»Wer nur den lieben Gott lässt walten und hoffet auf ihn allezeit, den wird er wunderbar erhalten …«

Wie von Geisterhand durchfuhr mich die unausgesprochene Frage: »Wo war in all den vergangenen Jahren mein Vertrauen zu Gott?« Die vergangenen Jahre voller Existenzkampf waren der Beweis für mein fehlendes Vertrauen ins Leben. Als Kind lebte ich voller Vertrauen. Ab wann hatte sich mein Leben verändert? Hatte nicht schon Richard von St. Viktor (1110-1173, Augustinerchorherr) gesagt: »Die Affekte der Liebe weisen den Weg«. Es geht im Leben darum, nicht aus Angst an etwas festzuhalten, sondern zu vertrauen, in Liebe geborgen zu sein. Konfuzius formulierte dies mit einfachen Worten:

»Was Du liebst, lass frei. Kommt es zurück, gehört es dir – für immer.«

Es gibt noch einen anderen Spruch von einem unbekannten Autor, der mir noch wesentlich besser geholfen hat:

»Zu wissen, wann man loslassen soll, ist Weisheit. Es auch zu tun, ist Mut. Und wenn man dabei den Kopf oben hält, ist es Würde!«

Vertrauen und Dankbarkeit sind die wesentlichsten Tugenden der Liebe, die uns mit dem unendlichen, liebevoll-universellen Geist verbinden. Indem ich all diese naturwissenschaftlichen, religiösen und philosophischen Informationen zu meiner innersten Überzeugung gemacht hatte, verstand ich, warum zum Beispiel der Wissenschaftler Dr. Joe Dispenza in seinem Buch »Du bist das Placebo« eingehend darauf verweist, dass sogar körperliche Heilung durch Geisteskraft möglich ist. Ergänzend zu seinen Ausführungen möchte ich darüber informieren, dass es in chinesischen Provinz Hebei ein medikamentenfreies Krankenhaus namens *»Hua Xia Zhineng Qigong Heilungszentrum«* gibt. Über dieses berichtete der Forscher Gregg Braden in einem seiner

Vorträge, dass besonders geschulte Ärzte in der Lage seien, selbst schwere Erkrankungen durch die Kraft der Herzliebe zu heilen. Gegründet wurde dieses Krankenhaus durch Dr. Ming Pang (geb. 1940) aus der Provinz Hebei. Der Arzt ist in chinesischer und westlicher Medizin ausgebildet und studierte die traditionellen Methoden des buddhistischen Qigong. Diese Meditations- und Konzentrationsweisen werden weithin als »Arbeiten mit der Lebensenergie« übersetzt. Im Rahmen seines umfassenden Lebenswerkes entwickelte der Humanmediziner und Großmeister des Qigong eine Lehrmethode, die in leicht verständlicher Weise vielen Menschen Zugang zur eigenen Lebensenergie verschafft.

Mir ist bewusst, wie hartnäckig unsere Konditionierung bezüglich unseres physischen Körpers ist. Natürlich könnte ich auch nicht ständig mit dem Gedanken leben, nur ein geistiges Konstrukt in einem Feld aller Möglichkeiten zu sein. Ich liebe mein Leben und genieße meine Konditionierung zu glauben, ein Mensch aus Leib und Blut zu sein. Dennoch scheint mir der *Wissenshintergrund* sehr wichtig, um den Kontakt zum universellen Geist zu intensivieren und wieder wie ein Kind erfolgreich wünschen zu lernen. Überzeugt von meiner neuen Weltanschauung suchte ich weiter nach *Methoden*, um mein Leben positiv zu verändern. Entsprechend stieß ich auf die Bücher von Charles F. Haanel, Wallace D. Wattles, Neville Goddard und Abdu`l-Baha. Aus all den Methoden machte ich eine Liste, was es zu bedenken galt, um meine »Schöpferkraft« zu entwickeln. Vor allem nahm ich mir den Urheber meiner ersten Informationen, den Autor Neville Goddard, vor, der wie viele andere folgende Voraussetzungen formulierte:

1. Bemühen Sie sich, Gefühle nicht zu unterdrücken, sondern so zu steuern, dass sie zu Ihrem Wohlergehen beitragen. (*Gefühle steuern*)

2. Achten Sie darauf, sich nicht von Ihren Launen führen zu lassen, denn der Körper ist Ihr »Gefühlsfilter«. Gefühle verändern das Schicksal. (*Achtsamkeit*)

3. Ihre bewussten Wünsche werden Ihr Unterbewusstsein erst erreichen, wenn Sie das Gefühl haben, den Wunsch bereits erreicht zu haben. (*so tun als ob …*)

4. Vor dem Schlafengehen ist das Unterbewusstsein sehr aufnahmefähig. Sprechen Sie sich Ihre Wünsche vor dem Einschlafen vor und fühlen Sie das Glück, das alles bereits zu besitzen. (*Unterbewusstsein programmieren*)

5. Lasst die Toten Ihre Toten begraben (Matth. 8,22), bedeutet, dass Sie auf keinen Fall zweifeln dürfen. Wer zweifelt, stagniert. Wer weiter zweifelt, läuft rückwärts. Wer zweifelt, begräbt seine Wünsche und Träume. Schauen Sie voll Vertrauen nach vorne und verhindern Sie das Grübeln über negative Vergangenheit. (*auf keinen Fall zweifeln*)

6. Wenn Sie mit Ihrer derzeitigen Lebenssituation unzufrieden sind, können Sie sie nur verändern, indem Sie Ihre Aufmerksamkeit von dem scheinbar Wirklichen abziehen und Ihr Bewusstsein auf den Zustand des angestrebten Zustands erhöhen. (*Aufmerksamkeit zum Gewünschten lenken*)

7. Es ist von Bedeutung, das Gewünschte **klar und deutlich zu visualisieren**

8. »Die Erfolgsüberzeugung ist das Wesentliche.« Wichtig ist dabei, dass Sie keine Bedingungen an den Erfolg knüpfen. Probleme sind die biblischen Berge, schreibt Goddard. Das bedeutet, so lange Sie behaupten, »ich wusste doch, dass es nicht funktioniert«, werden Sie Recht behalten. (**Bedingungslose Erfolgsüberzeugung**)

9. Nutzen Sie Ihre Vorstellungskraft und erfühlen Sie, bis sich Ihre Vorstellung als Realität anfühlt. Neville Goddard schreibt: »Das Geheimnis besteht darin, in der geistigen Vorstellung das Gefühl aufzubauen, dass der Wunsch bereits erfüllt sei und dieses Gefühl aufrechtzuerhalten.« (**Am Wunsch festhalten**)

Nachdem ich all diese Punkte durchgegangen war, las ich noch »The Master Key« von Charles F. Hannel. Dieses Buch beschreibt ausführlich, dass man die **Vorstellungskraft schulen** kann und wie Affirmationen helfen können, das Leben zu verändern (Kap. IX. S. 179). All diese Anleitungen konnte ich gut verinnerlichen. Schnell hatte ich gelernt, mir meine Wünsche bildlich vorzustellen und als erhalten zu fühlen. Mit den Affirmationen gab es auch keine Probleme mehr. Entweder ließ meine grundsätzliche positive Grundhaltung die ausgewählten Affirmationen zu oder ich nutzte positive Wortreihen. Zum Beispiel Danke, Liebe, Freude, Glück, Harmonie, Schönheit und so weiter. Diese Wortreihen hatten den Vorteil, dass sie nicht überreden wollten, sondern neutral positiv ausrichteten. Langsam, aber sicher funktionierte mein Bestellwesen. Der bekannte bestellte Parkplatz war schon lange kein Problem mehr, und sogar unverhoffte Geldsummen flossen mir zu.

Aber geschäftlich, beruflich und privat funktionierten die großen Wünsche nicht. Dieses Problem zog sich hin, bis ich mir die DVD »Das blaue Juwel« ansah. Da ich selber einmal auf einem Bauernhof verheiratet gewesen war, interessierte mich besonders, was die junge Familie Leitner äußerte. Fasziniert hörte ich, dass der Betrieb erst wirtschaftlich tragfähig wurde, nachdem die Familie sich innerlich mit allem, was an vergangenen Uneinigkeiten herrschte, *aussöhnen* konnte. Sich mit der Vergangenheit auszusöhnen, schien mir sehr schwer, und ich suchte nach Wegen. Eine meiner leichtesten Übungen war, dieses Problem an mein Unterbewusstsein abzugeben und zu warten, was geschehen würde. Und plötzlich war die Idee geboren:

Es musste mir gelingen, meine Vergangenheit wie aus der Vogelperspektive zu betrachten. Durch meine Arbeit als Sozialpädagogin hatte ich gelernt, dass ein Rückblick auf das eigene Leben schnell in einem emotionalen Chaos enden kann. Alte Gefühle bauen sich auf, und man versucht, diese zu eliminieren, indem man sie bewusster, teils mit Schuldzuweisungen, neu durchlebt. Diese Art der »Antwortsuche« widerstrebte mir. Ich hatte keine Lust mehr auf negative Gefühle. Mein Ziel war es, mögliche Konflikte oder Missverständnisse, die zu negativen Gefühlen geführt hatten, aufzulösen. Tief in mir verspürte ich den Drang, mein Leben *verantwortungsvoll und ohne Schuldzuweisun-*

gen neu zu betrachten, um es zu verstehen und glücklich, in Harmonie mit allem, weiterzuleben. Die Vogelperspektive bot sich ohne emotionales Chaos perfekt an, um mich mit Missverständnissen meiner Vergangenheit auszusöhnen.

Essenz:

1. Mensch und alle Materie bestehen zu 99,99 % des Raumvolumens aus Masseleerem »Vakuum«.

2. Erkenntnis und Liebe ermöglichen es dem Menschen, »Gott-ähnlich« glücklich zu leben.

3. Das Vertrauen, im Feld aller Möglichkeiten liebevoll aufgehoben zu sein, ist eine Grundvoraussetzung.

4. Der masseleere Raum, so Dr. Warnke, geht fließend über in den identischen Raum der umgebenden Luft.

5. Indem wir Menschen ein Teil des universellen Bewusstseins sind, sind wir gleichsam Schöpfer.

6. Gedankenkraft kann den Körper heilen. Die Lehrmethode Qigong ist dabei sehr hilfreich.

7. Es gibt Methoden, die das Wünschen unterstützen: Meditation, Gedankenhygiene, Visualisieren, Affirmieren und das Ergebnis fühlen.

8. Die Harmonie mit allem, was ist, schließt auch die Vergangenheit ein.

Quintessenz:

Gemäß dem Atomforscher Max Planck (1858–1947) stimme ich folgenden Erkenntnissen zu:

»Die Dinge unserer Welt existieren nicht so, wie wir glauben, dass sie existieren.«

Unsere gefühlte Materie existiert nur aufgrund einer geistigen Kraft, die alles zusammenhält, ein intelligenter Geist – eine Matrix. Die »Bestellungen beim Universum« unterliegen keinen Fantastereien, sondern einer rein rechnerischen physikalischen Möglichkeit. Gedankliche Konzentration ermöglicht das Visualisieren, über das sich ein Gefühl entwickelt. Diese Energien ziehen eine bestimmte Schwerkraft an, die sich formatieren muss. Der universelle Geist verbindet sich nur mit positiven Gedanken und Gefühlen. Wir Menschen verstehen in unserer konditionierten Welt die wahrnehmbare Schwerkraft als Realität. Die Schwierigkeit des Menschen besteht darin, aus seiner Konditionierung (Überzeugung) auszubrechen.

XIII. Mein Dasein liegt in meiner Verantwortung

Können Sie sich vorstellen, dass die *Verantwortung* für unser eigenes Leben bereits vor der Geburt beginnt? Eine meiner Stolperfallen war die Ausrede, dass ein Baby sich gegen die ersten Sozialisationsmaßnahmen der Eltern nicht wehren könne. Entsprechend müssten die Eltern für die ersten Prägungen im menschlichen Dasein verantwortlich sein. Im Grunde eine gute Erklärung, um den Eltern die Verantwortung für das eigene Sein und im schlimmsten Fall eine Schuld zuzuweisen. Die Sachbuchautorin Vera Birkenbihl (1946–2011) war eine hervorragende deutsche Managementtrainerin, die in den 1990-er Jahren in einem ihrer Seminare erklärte, dass der Mensch groß geboren und durch die Erziehung klein gemacht werde. Damit war für mich lange Zeit entschuldigt, warum ich mich von Geburt an klein und mies gefühlt hatte. Heute würde ich das jedoch etwas präzisieren wollen. Ich glaube auch, dass Kinder »groß« geboren werden. So gibt es diverse Debatten um hochbegabte Babys, deren »universeller« Geist unverkennbar ist. Interessanterweise gibt es dazu ein Buch von Gerald Hüther und Uli Hauser: »Jedes Kind ist hoch begabt.« Dass Kinder durch die Erziehung an unsere dreidimensionale Welt angepasst und dadurch kleingemacht werden, kann vielleicht nicht ganz eliminiert werden. Doch scheint es eine universelle Entscheidung zu sein, gewisse Erfahrungen nur über einen bestimmten Aufenthaltsort, -bereich oder Seins-Zustand erleben zu können. Insofern möchte ich dem Satz, »Menschen werden groß geboren und durch die Erziehung klein gemacht«, den Zeigefinger-Effekt auf Eltern und Sozialisationsbeteiligte entziehen. Ich bin inzwischen davon überzeugt, dass es Gründe gibt, warum jeder Mensch in seine entsprechende Zeit, Umgebung und Erfahrungsmöglichkeit hineingeboren wird.

Diese Gedanken waren der Auslöser, dass ich mich für Themen wie Leben und Tod, **Geburt** und **Sterben** interessierte. Bücher von Elisabeth Kübler-Ross, Raymond A. Moody und Deepak Chopra verschlang ich regelrecht. Vorträge über »**Nichtlokales Bewusstsein**« begannen meine Aufmerksamkeit auf die Frage zu lenken, in welchem Zusammenhang Geburt und Tod stehen. Zu diesem Zeitpunkt stieß ich auf einen Artikel des Wissenschaftlers Bernd Vowinkel zum Thema »Tod und Wiedergeburt aus der Sicht der Naturwissenschaften.« Vowinkel weist darauf hin, dass von einer Wiedergeburt kaum gesprochen werden könne. Er beschreibt, dass eine Wiedergeburt die Rekonstruktion des gesamten Geistes mit allen Fähigkeiten und Erinnerungen sowie die Auferstehung des Körpers einfordere. Wenn aber die Seele als Inbegriff der Persönlichkeit und Erinnerung unsterblich ist, erhebt sich die Frage einer möglichen »Wiederkehr«. Das erinnert an Immanuel Kants Frage: »Was ist der Mensch?« Vowinkel stellte die These auf, dass unsere Seele eine **Aktivierung von Informationen** darstellen könne, die nicht an einen materiellen Körper gebunden sei. Dieser Vorgang entspräche dann einer Wiederkehr. Seine weiteren philosophisch-ontologischen und mathematischen Ausführungen uferten in der Möglichkeit, dass im Einklang mit den Naturgesetzen eine Wiederkehr bestimmter Informationen möglich sei. Nachdem ich den Artikel etwa um das Jahr 2012 gelesen hatte, fiel mir die Kinnlade herunter. Mein ganzes Leben lang, selbst als kleines Kind, hatte ich nicht glauben können, was mir die christliche Religion zum Thema Tod erklärt hatte. Mir fehlte selbst als Kind die Vorstellungskraft, dass Gott mich ins Fegefeuer schicken würde, falls ich mein Leben nicht richtig schaffte. Vielleicht lag es an einem Erlebnis, welches ich als Sechsjährige hatte:

Während meine, mir noch unbekannten Mitschüler eingeschult wurden, wartete ich im Krankenhaus auf den Besuch meiner Eltern. Plötzlich überkam mich eine seltsame Schwere, die sich ebenso schnell in eine absolute Leichtigkeit verwandelte. Obwohl ich hellwach gewesen war, schien es wie im Traum zu sein, dass sich das Kruzifix mit der Jesusfigur von der Wand löste und auf mich zu schwebte. Durch meinen ganzen Körper fluteten die Worte: »Keine Angst, ich werde immer bei Dir sein! Ich verlasse Dich nicht!« Dieses Erlebnis beeindruckte mich unendlich tief und in den schwersten Zeiten meines Lebens erinnerte ich mich der damaligen Gefühle, die nicht selten zum Rettungsanker wurden. Wir können davon ausgehen, dass bei der Geburt die spirituell-emotionale Seele ein universelles Bewusstsein mitbringt. Ab welchem Zeitpunkt das »Vergessen« genau beginnt, kann wohl kaum jemand wissen und wird sicherlich von Mensch zu Mensch unterschiedlich sein. Bezeichnend ist allerdings, dass der Mensch später nur noch von der kindlichen Seele spricht und diese Ur-Verbindung kaum noch wahrnimmt.

Allerdings gibt es eine erstaunliche Geschichte, die ich in dem Buch »E²x« der Journalistin Pam Grout gelesen hatte. Die Autorin nimmt zum Wahrheitsgehalt dieser Geschichte keine Stellung, und es bleibt offen, ob sie der Wahrheit entspricht oder nicht. Dennoch glaube ich, dass es so gewesen sein könnte, denn erstens hörte ich auf einem späteren Seminar die Wiederholung mit dem Hinweis auf einen Wahrheitsgehalt, und zweitens erinnere ich mich nur zu gut an diverse Begebenheiten aus meiner Kindheit.

Es wird erzählt, dass eine Mutter von ihrem vierjährigen Sohn immer wieder bedrängt wurde, ihn mit seiner kleinen Schwester alleinzulassen. Die Mutter weigerte sich lange Zeit, denn die Schwester war gerade mal drei Monate alt. Schließlich gab sie nach und erlaubte ihrem Sohn, für kurze Zeit mit der Schwester allein im Zimmer zu bleiben. Neugierig, vor allem aber voller Sorge, ob der Junge das Baby aus dem Bettchen nehmen und fallenlassen würde, schaute sie durch das Schlüsselloch. Was sie nun erlebte, war erstaunlich. Der Vierjährige trat an das Bettchen seiner Schwester und sprach folgende Worte. »Bitte erzähle mir vom Paradies, denn ich beginne zu vergessen.« Daraufhin blieb er eine ganze Weile still bei ihr stehen.

Das Zusammentreffen dieser vielen Informationen verfestigte meine Meinung, dass die Begebenheit der Wahrheit entsprechen könne. Es gibt noch eine weitere sehr interessante Geschichte über zwei Baby-Schwestern, von der Gregg Braden auf seinem Seminar »La Matrix Divina« (Die göttliche Matrix) 2007 in Mailand berichtete, dass sie wahr sei. Braden ist Bestsellerautor, Geologe, Raumfahrt-ingenieur und Computer-Netzwerktechniker. Als Wissenschaftler war er bei der NASA tätig, und als Reiseführer besuchte er viele spirituelle Plätze auf der ganzen Welt. Braden setzte sich intensiv mit alten Mythen, Traditionen und Tempeln auseinander. Im Alter von fünf und sieben Jahren machte er nach eigenen Berichten sehr intensive Nahtod-Erfahrungen. Heute gilt Braden als einer der brillantesten Bewusstseinsforscher. Ein solcher Lebensweg sollte den Wahrheitsgehalt seiner Aussagen untermauern. Aus diesem Grunde fasse ich seinen Bericht über die Baby-Schwestern hier in Kurzform zusammen.

Die beiden Babys, die als Zwillinge zu früh zur Welt kamen, mussten getrennt werden, und jedes Kind erhielt einen eigenen Inkubator. Eines der beiden wurde immer schwächer und lag im Sterben. Eine Krankenschwester brachte das schwache sterbende Baby zu ihrer Schwester in den Inkubator. Sofort legte das gesunde Kind seinen Arm um die Schulter seiner Schwester, und das sterbende Baby nahm wieder an Lebenskraft zu.

Immer deutlicher wurde mir, dass es spätestens mit der Geburt bis zum Tod Gründe gibt, warum wir in eine bestimmte Familie und Sozialisation geboren werden. Viele emotionale Abläufe kann man sich als Kind nicht erklären. Dennoch spüren Kinder sehr viel mehr, als Eltern vielleicht glauben können. Meine erste Erinnerung an ein emotional besetztes, einschneidendes Erlebnis machte ich im Jahr 1961 im Alter von dreieinhalb Jahren.

Mein Adoptiv-Opa, von dem ich nur noch ein für mich vielsagendes Foto besitze, verstarb 1961. Zu der Zeit war es üblich, dass die Verstorbenen im eigenen Haus aufgebahrt wurden. Opa, der mir von meinen drei Opas der nächste war, obwohl ich ihn kaum kannte, wurde hinter der Küche, im abtrennbaren kleinen Gesellschaftszimmer, aufgebahrt. Noch heute sehe ich die zwei brennenden Kerzen neben seinem Sarg. Ich erinnere mich, dass meine Mutter mit meiner Adoptiv-Oma das Zimmer betreten wollte. In der Tür drehte sich Mutter zu mir um und sagte: »Du bleibst da. Das ist nichts für Kinderaugen.«

Diese Minute war der Moment, in dem ich den Sarg und die zwei brennenden Kerzen sehen konnte. Der Raum selber war ansonsten dunkel. Viel interessanter war das Gefühl, welches mir durch den gesamten Körper zog, so als wäre jede einzelne meiner Zellen betroffen: Ich spürte keine Angst. Im Gegenteil, ich spürte Frieden – unendlichen Frieden. Und ich spürte seine Energie. Durch meinen ganzen Körper liefen die Worte: »Auf Wiedersehen Opa, lieber Opa.« Ich war drei Jahre und sechs Monate.

Um in diesem Thema zu bleiben, greife ich 21 Jahre vor. Mein Vater starb, als ich 24 Jahre und 100 Kilometer vom Elternhaus entfernt verheiratet war. Am Spätnachmittag vor seinem Tod überfiel mich ein seltsames Empfinden. Wie so oft versuchte ich meine Eltern telefonisch zu erreichen. Dass niemand ans Telefon ging, hätte mich nicht beunruhigen brauchen, denn meine Eltern waren hin und wieder im Krankenhaus, wenn es Papa, der seit einem halben Jahr erkrankt war, nicht gut ging. Dennoch blieb meine Unruhe bis in den frühen Abend. Also fuhr ich von Unruhe getrieben Richtung Elternhaus. Mitten auf dem Weg sagte mir eine innere Stimme, ich solle direkt ins Krankenhaus fahren. Dort bin ich gegen 22 Uhr angekommen und musste entsetzt erfahren, dass mein Vater im Sterben lag. Bruder und Mutter hatten in der Hektik aller Untersuchungen und Wegbegleitungen am Nachmittag noch keine Gelegenheit, mich zu informieren und waren mit der eigenen Trauer beschäftigt. Noch heute bin ich fest davon überzeugt, dass mein Vater mich auf telepathischem Weg gerufen hat, um bei seinem letzten Abschied dabei zu sein.

Im Rückblick auf mein Leben erstaunt mich noch ein weiterer Traum, den ich als Teenager über mehrere Jahre fast jede Nacht geträumt hatte:

In diesem Traum rannte ich in meinem Elternhaus die Treppenstufen wild gehetzt nach oben. Sobald ich auch nur eine Stufe betrat, brach diese hinter mir ein und ich stürzte, oben angekommen aus dem Fenster. Seltsamerweise schlug ich niemals auf. Es war stets nur ein langer und tiefer Fall.

Dieser Traum war unendlich beängstigend und ich hatte eines Tags die Möglichkeit, einen Traumdeuter zu befragen, was es damit auf sich haben würde. Dieser erklärte mir, dass ich den Glauben an alles, was ich je in meinem Elternhaus gelernt hätte, verlieren würde. Heute im Rückblick, glaube ich, dieser Traumdeuter ist sanft und schonend mit mir umgegangen, denn er hat nur vom Glauben gesprochen, den ich verlieren würde. Er sprach nicht von der Begebenheit, dass ich einmal alles verlieren würde, was ich erhalten und aufgebaut hatte. Denn genau das musste ich tatsächlich schmerzlich erleben. Besonders beeindruckend mit dieser Geschichte schien jedoch folgender Traum, den ich während meiner schwersten Zeit mehrmals durchlebte: Ich wartete im Traum auf eine Gruppe Menschen, von der ich Hilfe erhoffte, doch die Hilfe blieb lange aus. Eine innere Stimme riet mir permanent, alleine loszugehen. Doch ich hatte Angst und traute es mir nicht zu. Andererseits wollte ich mein Leben nicht durch unnützes Warten vergeuden und so hörte ich auf die Stimme und marschierte los. Noch in der Hoffnung auf Hilfe drehte ich mich einmal um, ob mich das Auto mit der Menschengruppe einholen und mitnehmen würde. Aber sie kamen nicht. Also drehte ich mich mitsamt meiner Angst um, um weiterzugehen. Meine innerliche Frage, wie ich es allen nur schaffen soll, wurde von einer heftigen Aufforderung verdrängt und ich spürte die Worte: »Flieg. Fang endlich an zu fliegen. Du kannst das. Los.« Natürlich konnte ich es kaum glauben und auf meine Antwort, wie ich fliegen solle, ich könne dies nicht, wurde die Aufforderung heftiger. Also entschied ich, der Aufforderung mit einem Versuch nachzukommen. Und siehe da, ich konnte fliegen. In dem Moment, da ich mir selber geholfen hatte, kam auch die Menschengruppe nach.

Wenn ich mein Leben betrachte, finde ich es erstaunlich, wie sehr diese beiden Träume mitsamt meinem Kindheitstraum und den sensiblen Erlebnissen ineinandergreifen. Während ich als »realistisch denkender Mensch« nur mit Existenzsorgen- und kämpfen beschwert lebte, fühle ich mich heute befreit, leicht und vital. Ich bin davon überzeugt, dass wir ein natürliches Empfinden für unser Leben von Geburt an mitbringen. Dass uns als Kind noch nicht alle Informationen zur Verfügung stehen, um das Leben selbstbestimmt zu gestalten, wird seinen Sinn haben. Jeder macht dadurch andere *Erfahrungen*. Deshalb glaube ich, dass die Verantwortung für unser Leben bereits vor der Geburt beginnt, selbst wenn wir sie erst in späteren Jahren übernehmen können. Wir sind im Übergang zur Geburt ebenso beteiligt wie im Tod und haben uns auf das dreidimensionale Dasein mit allen Konsequenzen eingelassen.

Dazu gehört auch das Einlassen auf die Sozialisation. Mit dieser Verantwortung muss jeder Mensch leben, und Schuldzuweisungen an das Universelle sind nicht möglich. Das Universelle ist im Gegensatz zum Menschen sehr konsequent. Mit dieser Sichtweise über Geburt, Tod, Feinstofflichkeit und Bewusstsein konnte ich einen großen Teil meiner einstigen Schuldzuweisungen und Schuldsuche hinsichtlich meiner Sozialisierung beenden. Tatsächlich stellte sich Versöhnung ein. Dieses Gefühl war so großartig, dass ich noch weitere Lebensstationen in einem neuen Licht betrachtete und mein sozial-personelles vom universellen Leben zu unterscheiden lernte.

Essenz

1. Kinder werden groß geboren und durch die Erziehung eingeengt. Aber sie haben sich auf dieses Experiment eingelassen.

2. Geburt und Tod fließen ineinander über. Die Informationen, woher wir kommen und wohin wir gehen, sind immer abrufbar.

3. Die spirituell-emotionale Seele ist unsterblich und kann universelle Informationen abrufen.

4. Dem universellen und damit auch dem individuellen Bewusstsein ist die jeweilig vorherrschende Konditionierung auf eine Sozialisation bewusst.

5. Die individuelle Seele, ist spätestens ab der Geburt für das eigene Leben verantwortlich.

6. Zu welchem Zeitpunkt im Leben der Mensch seine spirituelle Verantwortung übernimmt, ist unterschiedlich.

Quintessenz:

1. Als Mensch führe ich ein eingeschränktes Leben in der menschlichen Zivilisation und Sozialisation. Diesem Leben steht mein universelles Dasein als unsterbliches Wesen gegenüber. (Hinweis: Gesetz der Polarität s. Kap. X.)

2. Als universelles Wesen stehen mir viele Informationen zur Verfügung. Meine Gedanken sind für meine Lebenserfahrungen verantwortlich. «Wie ich ins Universum hineinrufe, so schallt es zurück.« (Hinweis: Gesetz der Wechselwirkung s. Kap. X.)

3. Die wichtigste Erfahrung sollte die innere Harmonie und Liebe zum Leben sein, um mit dem universellen Geist in Verbindung (Gleich und gleich gesellt sich gern) zu bleiben. (Hinweis: Gesetz der Analogie s. Kap. X.)

4. Spätestens von Geburt an bin ich für mein Leben selbst verantwortlich. Also sollte ich, wie Byron Katie sagt, »Lieben was ist.« (Hinweis: Gesetz der Resonanz s. Kap. X.)

XIV. Versöhnung mit dem eigenen Leben führt zur Harmonie

Ich wuchs als Nachkriegskind in einer Welt auf, die geprägt war von dem Einfluss starker Kriegskinder. Meine Eltern haben den zweiten Weltkrieg überlebt. Wie es für die Generation üblich war, bauten sie sich mit viel Fleiß, Anpassungsfähigkeit, aber auch mit Durchsetzungsvermögen und wachem Verstand ein ansehnliches Vermögen auf. Die Welt, in die ich hineingeboren war, propagierte eine straffe sozial-strukturierte Denkweise, die ich nicht immer nachvollziehen konnte. Von den Erzählungen meiner Mutter weiß ich, dass ich als Säugling fast an einer Lungenentzündung gestorben wäre. Wer weiß, vielleicht hatte ich mich kurzfristig und zu spät entschieden, doch besser nicht geboren werden zu wollen. Diese Vorstellung bringt mich zum Schmunzeln und zu der Redensart: Mitgefangen, mitgehangen, was nichts anderes besagt, als dass man die Konsequenzen zu tragen hat, wenn man sich an etwas beteiligt. Insofern versöhnt mich bereits diese Vorstellung mit dem Leben. Der Arzt Dr. Rüdiger Dahlke schreibt in seinem Buch »Krankheit als Symbol«, dass eine Lungenentzündung auf den Bereich Kontakt- und Kommunikation hinweisen würde. Im Rückblick auf mein Leben könnte ich mir das jedenfalls sehr gut vorstellen.

Wenn ich so über mein Leben nachdenke, wird mir heute erst bewusst, dass ich lange Zeit, vermutlich schon seit der Geburt, tief verwurzelte Existenzängste mit mir herumschleppte. Vielleicht tragen wir alle diese Urängste mit uns herum, weil wir das sozialisierte Leben mehr anerkennen als das universell-spirituelle. Durch meine Rückschau glaube ich zu begreifen, dass hier die Schnittstelle notwendiger Kommunikation beginnt. Kinder fühlen und spüren mehr, als Erwachsene vielleicht ahnen. Ein Anerkennen des kindlich-spirituellen Wesens könnte sicherlich zu einem effizienten Austausch mit der erwachsenen-personalisierten Welt führen.

Menschen der Kriegsgeneration konnten diese Schnittstelle unmöglich erkennen. Die Wirtschaftskrise der dreißiger Jahre, sowie die Machtübernahme Hitlers und der Krieg forderten der Generation meiner Eltern das reine Überleben und anschließend den Existenz-Aufbau ab. Ein über-diszipliniertes Leben passte in den Zeitgeist, der das kognitive Lernen mit dem Anspruch auf einen bestimmten sozialen Status, sowie das personalisierte Leben absolut favorisierte. Arbeit und Aufbau war angesagt, anstelle spiritueller Unglaublichkeiten. Meine kindlich-lebensfrohen Traumwelten galten während dieser Zeit vielleicht erheiternd, doch beileibe nicht existenzfördernd. Schon als kleines Kind, hatte ich das Gefühl, in einem fremden Traum zu stecken, der nichts mit mir zu tun hätte.

Natürlich wuchs ich gut behütet in einem gut situierten Elternhaus auf, doch die Zeit des wirtschaftlichen Aufbaus beängstigte mich. Ich erlebte mich in einer Sozialisation, vorbildlicher, disziplinierter Erwachsener, die derart perfekt, jedoch getrennt von jeglicher Kinderwelt, das Leben meisterten. Niemals, das war mir schon als Kind klar, würde ich jemals solche großartigen Leistungen erbringen können. Mein Vater berichtete mir von meiner Geburt, dass er stolz war, nach dem erstgeborenen Sohn nun eine Tochter bekommen zu haben. Seine erste väterliche Handlung war, nachzuschauen, ob auch alle Arme, Beine, Finger und Zehen vorhanden waren. Diese Erzählung war für mich von Bedeutung, denn in meiner Kindheit hatte ich stets das Gefühl, dass nur Jungen beliebt gewesen wären. Wie sollte mir auch bewusst gewesen sein, dass ich in einer noch immer von Männern dominierten Sozialisation vergangener Jahre aufwuchs. Sicherlich begann die Emanzipation der Frauen sich langsam durchzusetzen, doch in den Köpfen hielt sich das Denken vom männlichen Ernährer der Familie. Es konnte also nicht ausbleiben, dass ich selbst meiner Mutter emotional unterschob, meinen Bruder mehr zu lieben als mich. Erst viel später erkannte ich, dass sie lediglich zwischen meiner unbefangenen Lebenslust und der disziplinierten Lust zu lernen meines Bruders hin- und hergerissen war. Anstatt wie mein Bruder viel lernen zu wollen, wollte ich raus, Freunde haben, Neues erfahren und mit Tieren umgehen. Doch meine Ambitionen passten nicht in den Zeitgeist meiner Sozialisation. Wie sehr ich, angesichts der übermächtigen Vorbilder Angst hatte, mich auf das Thema Lernen einzulassen, ahnte ich als Kleinkind nicht.

Meine Rückschau aus der Vogelperspektive beleuchtete die Gesamtsituation und ich erkannte die Kommunikationsprobleme der vorliegenden Sozialisationen zwischen Eltern und Kindern, zwischen Ängsten und Hoffen. Während sich die Generation meiner Eltern diszipliniert »durchkämpfen« musste, erwachte in dieser sich wandelnden Sozialisation der Wunsch, den eigenen Kindern ein liebevoll-behütetes Leben zu ermöglichen. Dass diese disziplinierte Arbeitshaltung der Kriegskinder-Generation »man muss nur wollen« das aufkeimende Selbstvertrauen vieler Nachkriegskinder erdrückte ahnte niemand. Die sozialisationsbedingte, fehlende Kommunikation zwischen Eltern und Kindern führte zu einer Fremdbestimmung vieler Kinder. Aus Elternsicht war der vorherrschende Erziehungsstil liebevoll-besorgt und aus mancher Kindersicht dominierend-zurechtweisend. Es war der Zeitgeist, auf den ich mich bei meiner Geburt eingelassen hatte.

Wenn ich meine Mutter betrachte, fällt mir auf, dass sie nach außen eine starke Persönlichkeit verkörpert. Sie kann mit ihren Gedanken sehr gut umgehen und ist in der Lage, selbst mit 89 Jahren beim Einkauf ihren Kassenbon sofort zu kontrollieren. Ich staune manchmal, wenn sie bei einer Auflistung von 35 Teilen eine Differenz von 10 Cent im Handumdrehen erkennt. Meine Mutter hatte immer klare Lebensvorstellungen und Ziele, die sie in der Regel auch erreicht hat. Ihre Disziplin, sich geistig und körperlich fit zu halten, ist beispielhaft, und ich kann nur den Hut davor ziehen. Erst viel später erkannte ich, dass sie neben ihrer eisern-diszipliniert starken Persönlichkeit noch etwas Anderes in sich verbargt: Angst. Als Kind ahnte ich das nicht, denn ich erlebte meine Mutter nur als starke Frau. Heute stelle ich fasziniert fest, dass uns, dem Gesetz der Resonanz und Analogie folgend, die Ur-Angst und Liebe verbunden hat. Es war die von Angst besetzte Liebe, die in wechselseitiger Beziehung Sorgen um den jeweils anderen erweckte.

Mit meinem Vater hingegen verbanden mich der Humor, die Leichtigkeit und das Glücklich sein wollen. Mein Vertrauen zu ihm war unendlich groß. Natürlich hatte mein Vater auch noch andere Seiten. Er war ein großartiger Geschäftsmann und verwirklichte seinen Traum, in späten Jahren noch zu studieren. Doch bedeutsam für mich war sein Humor. Dieses Gefühl der Leichtigkeit des Lebens, von Lachen und Freude, machte mich glücklich. Ich wollte leben, lachen, mich freuen und glücklich sein. Die Resonanz und Analogie, die mich mit meinem Vater verband, war der Humor.

Heute, im Rückblick erkenne ich, dass mir das Leben zwei wichtige Vorbilder zur Seite gestellt hat: Meine Mutter lebte mir stets das *disziplinierte Denken* vor und mein Vater das *humorvolle Erleben*. Wobei, das möchte ich deutlich anmerken, auch meine Mutter Freude und mein Vater Disziplin lebte. Nur die persönliche Gewichtung war unterschiedlich ausgeprägt. Vielleicht machte genau dies die glückliche Ehe meiner Eltern aus, indem die Polaritäten in ihrer Wechselwirkung perfekt harmonierten. Einzig die unerkannten Ängste, die zwischen meiner Mutter und mir ihre Bahnen zogen, wirkten in Form von Sorgen zerstörerisch.

Während meine Mutter mich, in ihrer Sorge, mich tugendhaft erziehen zu wollen, als »aufsässiges« Kind erlebte, glaubte ich an eine Mutter, die mich nur »gängeln« wollte. Wer von uns beiden hätte schon auf die fehlende Kommunikation kommen können: »Ich habe Angst um Dich«, mit der Antwort: »Hab Vertrauen zu mir.« Zum Beispiel erinnere ich mich gut an die Situationen, wenn ich verspätet aus der Schule nach Hause kam. Während ich nach der Schule am Markt vorbeigeradelt bin, um Lora das

Marktpferd streicheln und füttern zu können, machte sich meine Mutter große Sorgen um mich.

Natürlich erhielt ich regelmäßig Stubenarrest mit der Standpauke: Man fährt nach der Schule immer sofort nach Hause. Der Höhepunkt der Strafpredigten war dann, dass mir das tugendhafte Verhalten meines Bruders unter die Nase gerieben wurde. Ich konnte nicht verstehen, warum ich meine Zeit nicht mit Lora verbringen durfte. Die Antwort war nicht, dass sie sich Sorgen machen würde, sondern, dass Bruder Arnold schließlich auch den korrekten, geraden Weg über die Hauptstraße nehmen würde. Angesichts der Tatsache, dass ich niemals so tugendhaft wie mein Bruder werden würde, reichten mir diese beiden Begründungen, um auch bei nächster Gelegenheit Lora wieder zu besuchen.

Vielleicht hätte ich meiner Mutter einfach sagen sollen, wie tief mich der Vergleich mit meinem Bruder verletzte. Vielleicht hätte ich von meiner Angst berichten sollen, zu glauben, niemals so toll wie er werden zu können. Wer weiß, ob meine Mutter dann nicht auch ihre wahre Begründung, ihre Angst um mich, auf den Tisch gelegt hätte. Aber mit Gefühlen umzugehen, war in den Nachkriegsjahren nicht so einfach. Zum Thema Angst fällt mir eine sehr gute Beschreibung zum Ursachenprinzip aus dem Buch »The Master Key« von Charles Haanel ein, die ich Ihnen mitteilen möchte:

»*Die Wichtigkeit dessen wird gut durch das Leben Emersons und das Carlyles illustriert. Emerson liebte das Gute und sein Leben war eine Symphonie des Friedens und der Harmonie. Carlyle hasste das*

Schlechte und sein Leben war eine Aufzeichnung nicht endender Zwietracht und Disharmonie.«

Genau dies war der Knackpunkt zwischen der sorgenbelasteten Beziehung meiner Mutter und mir. Natürlich haben wir uns immer geliebt, doch die gegenseitigen Sorgen umeinander führten regelmäßig zu Missverständnissen. Meine Mutter wollte keinesfalls, dass ich auf die schiefe Bahn gerate. Sie wollte keinesfalls, wie man so sagt, dass ich unter die Räder komme. Sie wollte keinesfalls ein schlechtes Leben für mich. Und ich wollte keinesfalls lernen, weil ich Angst hatte, mich zu blamieren. Ich wollte keinesfalls Bruder Arnold nacheifern, weil ich Angst hatte, sein Potenzial nie erreichen zu können. Ich wollte nie, was ich sollte, denn ich hatte Angst zu enttäuschen. Unsere Liebe zueinander versteckte sich hinter der Angst.

Heute erst erkenne ich, welchen wunderbaren Austausch (Kommunikation) wir beide damals verpasst hatten. Natürlich handelte meine Mutter aus Liebe. Ihre Hinweise entstammten nicht, wie ich als Kind vermutet hatte, dem Wunsch, mich zu einzuengen, sondern der liebevoll-ängstlichen Bemühung, mich in ihre Welt einzugliedern. Die Überzeugung meiner Mutter von ihrer perfekten Welt drängte sie, im wohlwollenden Sinne, mir diese perfekte Welt auch zukommen zu lassen. Die Betrachtung meines Lebens aus der Vogelperspektive ermöglichte mir die Versöhnung mit all den Missverständnissen der Vergangenheit. Ich kann gelöst feststellen, welche Harmonie sich in mir ausbreitete.

»Lasst los, und ihr werdet losgelassen werden.« (Lukas 6,37)

Essenz:

1. Jedes Kind wird in eine bestimmte Kultur und Sozialisation geboren. Die Seele folgt dabei den universellen Gesetzen.

2. Jede Seele weiß, welchen Aufgaben sie sich zu stellen hat und such den Weg zur universell-göttlichen Liebe. (Kap. VI., Rumi)

3. Gegensätze (Polaritäten) ziehen sich an und führen zum gemeinsamen Wachstum.

4. Ängste können durch Kommunikation gemeinsam überwunden werden.

5. Gegenseitiges Verstehen und Vertrauen führen zur positiven Analogie.

XV. Der Fokus richtet sich auf das eigene Leben

Moderne Eltern werden heute bewusster in die »Erziehung« ihrer Kinder starten und im Kind das Individuum mit dem Recht auf ein eigenes Leben sehen. Dennoch verstricken sich Menschen allzu schnell in Missverständnisse und forcieren dadurch unbewusste Konkurrenzkämpfe. *Achtsamkeit* sollte der Schalter sein, mit dem sich Menschen begegnen, um die Kettenreaktionen negativer Denkweisen und Schuldzuweisungen zu vermeiden. Nehmen wir das Beispiel materielles Erbe. Wer ein solches zu vergeben hat, wünscht sich in der Regel den Dank in der Form, dass es entweder erhalten oder im besten Fall ausgebaut wird. Mit dem Erbe wird eine Verantwortung übertragen, die der Erbe auf unterschiedliche Weise wahrnehmen kann. Einerseits könnte Freude, andererseits, unter dem Hinweis des Erbes nicht wert zu sein, Bedrückung empfunden werden. Da zu einem *materiellen* immer ein *immaterielles* Erbe gehört, würde der Hinweis den Erben »erdrücken«. Der Übergriff in das Leben des Anderen ist erfolgt. Diesem »Fluch« kann der Erbe nur durch seine klare Entscheidung im Sinne der Selbstliebe entgehen: Distanz vom Erbe.

Erinnern Sie sich an das Gesetz der Wechselwirkung? »Wie innen so außen.« Das wichtigste Erbe ist das liebevolle, gesunde Selbstbewusstsein. *Vertrauen, Glauben* und *Liebe* zur *eigenen Person* bedingt Vertrauen, Glauben und Liebe *zum anderen*. Ob Kind oder Erwachsener, beide sind in der gleichen Pflicht, sich selbst gegenüber. Wir leben in einer Welt ständiger Wechselwirkungen und können nicht umhinkommen, die Polarität Kind-Erwachsener zu erleben. Lehren im gegenseitigen Respekt bedeutet, den Austausch von Informationen **zum Nutzen beider** zu üben. Die »ernst zu nehmende« Welt der Erwachsenen steht der »fantastischen unbeschwerten« Kinderwelt gegenüber und dennoch scheinen wir die stärkere Gewichtung der Erwachsenenwelt beizumessen und vergessen den biblischen Satz:

»Wenn ihr nicht werdet wie die Kinder, ist euch das Himmelreich verschlossen.« Matth. 18

Das menschliche Miteinander ist durch die sozialisierten, bewertenden Vorstellungen in ein Chaos geraten. Diese Diskrepanz widerstrebt dem universellen Geist. Wie schnell führt der Satz »Ich meine es doch nur gut« zu negativen Gefühlen auf beiden Seiten und der universelle Geist zieht vorbei und wartet. Wie konnten sich, auf der Suche nach dem Glück negative Gefühle wie Hochmut, Selbstsucht, Rache, Neid, Erniedrigungen und viele andere entwickeln? Indem der Mensch vergleichend und beurteilend das Leben des »Anderen« betrachtet, in der Angst (Sorge) besser, schneller, reicher, klüger sein zu müssen. Hat uns der universelle Geist dies gelehrt? Letzteres kann nicht sein, denn der universelle Geist hält alles was ist liebevoll zusammen. Ohne Schuldzuweisungen leitet er uns konsequent mit einem Hurra (glücklich sein) oder Stop (keinen Stress).

Die berechtigte Frage ist, ob sich solche **negativen Gefühle** vermeiden lassen. Das glaube ich weniger, denn in unserem dreidimensionalen Dasein werden wir immer irgendwie bewertend – und leider oft diskriminierend – vorgehen. Aber solche Gefühle lassen sich **nutzen und eindämmen**. Das zu erkennen halte ich für äußerst wichtig. In Kenntnis aller hier vorgetragenen Informationen zum universellen, feinstofflichen Feld aller Möglichkeiten und universellen Gesetze habe ich mir angewöhnt, meinen (Welt-)Spiegel »menschliches Leben« effektiv zu nutzen. Ich gebe zu, dass dies nicht immer einfach ist und auch mal weh tun kann. Aber es ist absolut heilsam.

Diese Welt, in der Sie leben, ist **Ihre Welt** ganz allein. Sie sitzen als geistiges Wesen vor ihrem eigenen Film (Weltspiegel) und können sehr genau betrachten, wer Sie derzeit sind und wer Sie gerne sein möchten. Alle Informationen stehen Ihnen zur Verfügung. Sie brauchen nur bewusst hinzuschauen. **Erkennen** Sie sich **urteilsfrei** selbst »Ich bin das«. **Entscheiden** Sie sich zwischen Gewohnheit oder Veränderung. **Fokussieren** Sie sich abschließend auf das Bild (Leben), welches Sie gerne hätten:

Als ich begann, mein Leben mit allen Abläufen als meinen Welt-Spiegel zu betrachten, war es zunächst **schwer**, mich selber zu **erkennen.** Die Tatsache, dass alles ausschließlich mit mir zu tun hat und es auch nur um meine Person ging, erleichterte die Sache etwas. Ich stellte mir vor, dass nicht ich, sondern mein geistiges Wesen sich im Spiegel betrachtete. Hinsichtlich meines Körpers, in dem ich mich nicht mehr wohl fühlte, überkamen mich zwei Empfindungen. Als »Ich« spürte ich Traurigkeit, denn von meiner einstigen schlanken Figur war nichts mehr zu sehen. Im Gegenteil. Als geistiges Wesen stellte ich mir folgende Fragen: Warum sieht Dein Körper so aus? Ist er nicht wertvoll genug für

Dich? Warum hast Du nichts für Dich getan? In diesem Moment stiegen Tränen auf und ich erkannte, wie wenig Wertschätzung ich für mich selber gezeigt hatte. Der erste Punkt auf meiner »Änderungsliste« hieß: körperliche und geistige Wertschätzung der eigenen Person.

Im zweiten Schritt machte ich mir Gedanken darum, welche Qualitäten ich mir wünschen würde, um mich selber wertschätzen zu können. Also sah ich mich in meiner Welt tausender Beispiele (Menschen) um. Von Schauspielerinnen über Freundinnen und Kolleginnen bis zur Familie entdeckte ich Menschen, die mir verschiedene Qualitäten spiegelten. Während mein »Ich« in Bewertungen verfallen wollte, rief mich die Vorstellung, als mein geistiges Wesen eine Leinwand zu betrachten, in die *Entscheidungsphase* zurück. Es ging nicht um die Bewertung der Menschen, sondern um die Auswahl positiver Eigenschaften. Vom Körper bis zum Geist. Interessanterweise rückte die Geisteskraft meiner Mutter, der Humor meines Vaters, die Körperform einer geschätzten Schauspielerin, die Freundlichkeit meines Bankers, die Ehrlichkeit meiner Kinder, die Lebensfreude meiner Enkel in den Fokus und entsprechend füllte sich meine »Änderungsliste«. Von alle dem, wie ich sein wollte, hatte ich nun ein klares Bild vor Augen und ich brauchte die jeweiligen Empfindungen dazu nur in mein Gefühl aufzusaugen. Beeindruckend war, dass ich die geistig-distanzierte Haltung, mein Leben zu betrachten, mit jeder Übung mehr und mehr verinnerlichte. Damit war ich vor allem in unangenehmen Situationen und Begegnungen gewappnet, um mit der innerlichen Frage zu reagieren: »Was hat das mit mir zu tun?« Mein *Fokus* änderte sich und ich lernte zu *visualisieren*, welche positiven Punkte ich wollte und zu *ignorieren*, welche negativen Details nicht in mein Leben gehörte.

Keine Sekunde vergeht, ohne von den verschiedenen Polaritäten samt Resonanz, Analogie und Wechselwirkung umgeben zu sein. Wenn Sie lernen, in die Distanz zu gehen und sich Ihr **Leben als Spiegelbild** anzusehen, ist das eine enorme **Entscheidungshilfe**, um Ihren **Fokus** für Ihr Leben genau zu *justieren*. Wer möchten Sie sein? (Charakter, Fähigkeiten, Persönlichkeit) Was möchten Sie? (Familie, Beruf, Hobby, Lebensumstände) Wohin möchten Sie? (Entwicklung, Ort, Ziel) Treffen Sie Ihre klare und deutliche Entscheidung und fokussieren Sie Ihr Ziel, als wären Sie schon angekommen. In ihrem Buch E2 beschreibt Pam Grout sehr richtig, wie wichtig es für einen Piloten ist, sein Ziel ins Navigationsgerät *klar und deutlich*, mit allen Details einzugeben. Weichen die Angaben nur um Millimeter vom eigentlichen Ziel ab, zieht der Flieger eine andere Bahn und kommt nicht an.

Vielleicht ist es zu Beginn schwer zu akzeptieren, dass der »Idiot«, der das eigene Leben gekreuzt hat, etwas mit Ihrem geistigen Wesen zu tun haben soll. Dennoch hätte er Ihr Leben nicht durchkreuzt, wenn der universelle Geist Sie nicht mit der Nase auf etwas stoßen möchte. Es geht nicht um Schuld, Konkurrenz oder Diskriminierung. Das erlebt nur Ihr »ICH«. Ihr geistiges Wesen, welches Sie sind, schaut lediglich in den Spiegel und erkennt, an welcher Stelle es sich selbst verletzt hat. Darin begründet sich, dass **alles aus Liebe geschieht.** Nehmen Sie die Hinweise an und distanzieren Sie sich vom bewertenden »ICH«.

Nachdem ich dies für mein Leben erkannt hatte, spürte ich eine unendliche Dankbarkeit und damit begann sich mein Leben zu verändern. Rasanter, als ich zu träumen wagte, befand ich mich in einer unglaublichen Glückseligkeit, mit allem was im physischen Leben dazugehört. Beginnen Sie, Ihr Leben anders zu betrachten, um zu dieser Dankbarkeit zu gelangen. Dankbarkeit vereint alle Gefühle der Liebe und verbindet Sie mit dem Universellen auf magische Weise. Vielleicht kann ich es Ihnen an einem Beispiel erklären:

Als ich an meinem Burnout erkrankte, wollte ich mein Haus aus Angst, es nicht mehr bezahlen zu können, mit gutem Gewinn verkaufen. Tatsächlich erhielt ich Angebote, mit dem der Wert des Hauses mehr als gut bezahlt worden wäre. In dem Moment, da ich mich für ein Angebot entschieden hatte, lief ich, wie ich meinte, ein letztes Mal durch mein leergeräumtes Haus. Ich erinnerte mich an die Bauzeit, die so arbeitsintensiv und hektisch für mich war, dass mir ein Handwerker sagte: »Nun freuen Sie sich doch mal über Ihr Haus. Das ist IHR Haus. Seien Sie doch mal glücklich.« Diese Erinnerung spiegelte mir mein ganzes Leben. Alles war so hart erkämpft, dass ich nie dazu kam, mich jemals über irgendetwas zu freuen. Selbst mein wunderschönes Haus nahm ich als Normalität auf der Grundlage meines Kampfes hin. Und nun wollte ich es für immer verlassen. Das Gefühl, welches sich mit diesem Bewusstsein entwickelte, war unbeschreiblich. Plötzlich spürte ich eine so liebevolle Verbindung zu meinem Haus, als würde ich mit der Wand, die ich spürte, den Himmel berühren. Eine so tiefe Liebe entwickelte sich in mir, dass ich tränenüberströmt dastand und Gott etwas fragen wollte. Aber es kam keine Frage in meinen Sinn. Ich stand einfach nur da und spürte diese Liebe, dieses aufgehoben sein und dieses Zusammengehörigkeitsgefühl. Wortlos, ohne zu wissen, ob ich es je wieder betreten würde, verließ ich mein Haus mit einem unbeschreiblichen Gefühl der Dankbarkeit und Liebe für die zurückliegende Zeit. Zum ersten Mal spürte ich, in diesem Haus bleiben zu wollen aber es war zu spät. Dachte ich.

Plötzlich entwickelte sich alles ganz anders. Das Angebot, welches ich erhalten hatte war gut und ich hätte es, finanziell betrachtet, nicht ausschlagen sollen. Dennoch tat ich es, denn die Idee, in mein Haus zurückzuziehen, wurde so übermächtig, dass ich einfach darauf vertraute: Irgendwie wird es schon gehen. Und tatsächlich ergaben sich alle finanziellen und persönlichen Mittel, wie es gehen konnte. Diese Magie, die sich in dem Moment in meinem Haus eingestellt hatte, war die Magie der Dankbarkeit.

Beginnen Sie, sich über all das zu freuen, was Sie bereits positives besitzen. Freuen Sie sich über den Cent in Ihrer Tasche. Er ist der Beginn Ihres Reichtums. Freuen Sie sich über Ihre Phantasie, sie weist Ihnen den Weg zu Ihren tiefsten Träumen. Freuen Sie sich über jede Mahlzeit, sie schenkt Ihnen Lebensenergie. Freuen Sie sich über jeden Spaziergang, er bringt Sie mit Ihrer Freizeit und Erholung in Kontakt. Erleben Sie alles »Negative« als Hinweis mit der Frage »Was hat das mit mir zu tun?«. Erkennen Sie, was Ihnen die Situation/Begegnung sagt, ändern Sie den entsprechenden Umgang mit sich selbst und verlassen Sie die Situation. Fokussieren Sie sich ausschließlich auf alles Liebenswerte in Ihrem

Leben, planen und denken Sie nur das Beste für sich und tun Sie so, als sei alles Positive in Ihrem Leben bereits verwirklicht.

Essenz:

1. Missverständnisse führen zu Konkurrenzdenken.

2. Die Gegensätzlichkeit von Kindern und Erwachsenen birgt eine große Chance.

3. Zu einem materiellen Erbe gehört auch immer ein immaterielles Erbe.

4. Vertrauen, Glauben und Liebe zur eigenen Person bedingt gleiches für den Anderen.

5. Eine distanzierte Lebensbetrachtung führt zur urteilsfreien Selbsterkenntnis

6. Das physische Leben ist ein Spiegelbild unseres geistigen Wesens.

7. Der Fokus für ein gewünschtes Leben sollte klar und deutlich definiert sein.

8. Dankbarkeit ist ein bedeutender Schlüssel zur göttlichen Liebe, die uns alles schenkt

Quintessenz:

Die Zeiten und Situationen mögen sich ändern. Dennoch bleiben die Emotionen Angst und Liebe Wegweiser auf dem Weg zum glückerfüllten Leben. Die universellen Gesetze weisen konsequent die Richtung zur Glückseligkeit. Ausschließlich das eigene Leben sollte im Fokus der Betrachtung stehen. Dem geistigen Wesen, das wir sind, steht das physische Leben als Spiegelbild gegenüber. Dankbarkeit bewegt die Magie des Lebens.

XVI. Magie umgibt dich, wo immer Du bist

Seitdem ich *verinnerlicht* habe, wie konsequent unser Universum funktioniert, erscheint mir das Leben voller Magie. Natürlich ist mir mein personalisierter Glaube an Gott weiterhin vertraut. Doch die vielen *Informationen* zum feinstofflichen, energetisch-magnetischen *Weltbild* haben mir glaubhaft erhellt, warum wir alles haben dürfen, was wir uns wünschen. Tief in mir habe ich mich als geistiges Wesen *akzeptiert*, welches sich in einem Spiegel betrachtet. Die disziplinierte Geisteskraft meiner Mutter hat mich gelehrt, mit eigener Geisteskraft meine *Visionen* ins Universum zu senden. Das wissbegierige Lernen meines Bruders lehrte mich Informationen zu sammeln, zu hinterfragen, zu filtern, um so den *Glauben* zu verankern. Der Humor meines Vaters leitete mich, das Schöne, Liebenswerte des Lebens zu betrachten, wodurch ich *lieben* lernte. Das »sich erkennen und *annehmen*« meiner ältesten Tochter spiegelte mir, meinem SELBST angstfrei zu begegnen. Mit seinem zielorientierten Streben lebte mir mein ältester Sohn vor Wünsche und Ziele zu entwickeln, wodurch ich schöpferisch *kreieren* lernte. Meine jüngere Tochter lehrte mich das Leben zu lieben und mich auf Freude zu *konzentrieren*. Die umsichtige Wesensart meines jüngeren Sohnes beweist mir einen respektvollen Umgang mit dem »Anders sein« und ich machte mir das »*leben und leben lassen*« zu eigen. Der Neubeginn in der Familie, durch meine Enkel beweist mir, dass es keinen Stillstand gibt. Es wird weitergehen. So habe ich *vertrauen und danken* gelernt. Faziniert von der liebevollen Konsequenz des universellen Geistes, uns auf seine glückselige

Reise mitzunehmen, lernte ich *demütig* (dienstwillig) seinen Kommandos »Hurra« und »Stop« zu folgen:

»Alle für einen und einer für Alle«.

Wenn ich heute meinen Enkeln zuhöre und bin begeistert, welche Wünsche, Vorstellungen und Phantasien sie berichten. Das ist von besonderer Bedeutung, denn die Vorstellungen und Phantasien der Menschen realisieren sich gemäß der Gravitationsanomalie im feinstofflichen, elektromagnetischen Feld. Dr. Warnke beschreibt es in seinem Buch »Quantenphilosophie und Interwelt« wie folgt:

»… Zahllose Menschen haben erlebt, dass Schutzengel in höchster Not zu Rettern wurden. Denn das Erstaunliche ist: Sobald solche Wesen in unserer geistigen Wirklichkeit existieren, entwickeln sie eine eigenständige Kraft. Die empfindende Gedankenkraft ruft also Informationengebilde hervor, die wiederum eigene Wesenheiten erzeugen – da Informations-gebilde zugleich Seeleneigenschaften repräsentieren. Sie sind rein geistige Konstrukte, aber als Wesen der Interwelt äußerst wirkmächtig. Ich weiß, dass dies fantastisch klingt, fast märchenhaft. Und doch ist es ein absolut natürlicher Vorgang …«

In diesem Zusammenhang möchte ich darauf hinweisen, dass der Autor auch die Möglichkeit beschreibt, dass diese geistigen Wesen nicht nur zu Mentoren werden können. Dr. Warnke sagt, dass die erschaffenen Wesen je nach gemeinsamen Glauben oder Zeitgeist ein Eigenleben entwickeln. Wir sollten daher vorsichtig mit unseren Phantasien umgehen.

Der Glaube an Feen, Elfen oder Waldwichtel hat uns vielleicht seit Kindertagen verlassen, doch die modere Naturwissenschaft weist eindeutig auf das große energetische Feld aller Informationen hin, dass durch den Geist geformt wird. Ich habe mir daher wieder angewöhnt, an Feen, Elfen und gute Waldwichtel zu glauben. Nicht nur weil das Spiel mit diesen Vorstellungen Spaß macht, sondern, weil mich seit Kindertagen eine Mystik begleitet:

In der Schule lernte ich im Religionsunterricht die Geschichte des Heiligen Antonius von Padua (1195-1231) kennen. Besonders beeindruckte mich, dass dieser ein Patron sei für alle, die ihre Sachen »verschlampen«, also verlieren. Man brauche nur zu rufen, »Heiliger Antonius hilf«, und er sorge dafür, dass man seine Sachen wiederfinde. Diese Geschichte hat mich derart fasziniert, dass ich noch heute erstaunt bin, was ich alles durch den Ruf »heiliger Antonius hilf mir suchen« wiedergefunden habe.

Der Hintergrund ist folgender: Traditionelle Rituale, wie zum Beispiel das Singen von Mantras wird oft in einer Gemeinschaft durchgeführt, um die positive Schwingung der Lieder zu verstärken. Gemeinsam gesprochene Worte, gesungene Lieder, formatieren sich durch die Schwerkraft im Feld aller Informationen zu einer Gravitationsanomalie. Das Vorhandensein einer solchen Anomalie ermöglicht ein schnelles Vernetzen mit derselben. Dadurch gelingt das Einschwingen in die jeweilige Qualitätszuschreibung. Im Weiteren sorgt das Unterbewusstsein für entsprechende Wahrnehmungen. Dies ist im Übrigen auch der Effekt, den Sie beim Betreten einer Kirche erleben. Sie spüren die spirituelle Prägung der Umgebung in höchster

Form. Der Glaube vieler Menschen an den heiliggesprochenen Antonius hinterlässt also eine bestimmte Frequenz im Feld aller Möglichkeiten. Damit hat sich ein Teil des elektromagnetischen Informationsfeldes zu einer bestimmten Schwingung geformt. (s. Kap. IV; H. Wessbecher) Nennen wir diese Schwingung einfach mal »finden«. Diese unterstützt nun die eigene Intuition, um verlorene Gegenstände wiederzufinden. Die Bibel kennt dazu folgende Aussage:

»…Weiter sage ich euch: wo zwei unter euch eins werden, warum es ist, daß sie bitten wollen, das soll ihnen widerfahren von meinem Vater im Himmel. Denn wo zwei oder drei versammelt sind in meinem Namen, da bin ich mitten unter ihnen.« (Matthäus 18,20)

Mir ist bewusst, wie schwer es uns Erwachsenen fällt, an Magie zu glauben. Während wir als Kinder noch dem Flaschengeist vertrauten, belächeln wir heute diese kindlichen Vorstellungen. Dennoch ist die Magie (transzendentale, weisende Kraft) mitten in unserem Leben. Angesichts des Todes spüren wir alle, dass es so viel mehr geben muss, als wir auf der Erde mit unseren sieben Sinnen erfassen. Still wird es und geheimnisvoll. Wohin entschwindet der Geist? Zu Ihrer Beruhigung möchte ich Ihnen sagen, dass er genau dorthin verschwindet, was Sie empfinden. Auch im Tod gelten die universellen Gesetze. Stimmen Sie Ihr ganzes SEIN auf Liebe ein und Sie werden in Liebe geborgen sein. Wandeln Sie jegliche Angstgefühle sofort in Liebe um. Denken Sie daran, alles ist nur eine Fantasie in Ihrem Geist. Es gibt nichts, wovor Sie sich fürchten müssen. Welche Situation war für Sie besonders liebevoll? Ihre erste Heimat? Ihre Kindheit? Wer hat Ihnen Liebe vermittelt? Spüren Sie einfach nur die Liebe in Ihrem Herzen und alles wird gut. Gott-ähnlich-sein ist positive Liebe.

Wenn der Tod uns immer wieder diese geheimnis-liebevolle Stille und empfindungs-starke Mystik lehrt, warum verbannen wir sie aus unserem Leben? Welches Gefühl löst das Wort »Magie« bei Ihnen aus? Noch vor ein paar Jahren hätte ich gesagt: »Magie gibt es im Märchen, nicht aber im wirklichen Leben«. Alles, was nicht mit dem Verstand begreifbar ist, passt nicht in die sogenannte reale Welt. Und doch ist die Magie untrennbar mit den Mythologien der Vergangenheit verbunden. Magie beschreibt, wie die Quantenphilosophie, dass alles im Kosmos von der transzendenten (übersteigenden) Kraft durchflutet wird.

Welcher liebevolle Geist diese Welt durchflutet und hält, haben wir ausgiebig geklärt. Mögen wir ihn universeller Geist, Gott oder Allah nennen, in jedem Fall ist er allgegenwärtig, allmächtig und vollkommen. Wie können wir Menschen ihm die transzendenten Kräfte, die sich Magie nennen absprechen? Wenn alles Bewusstsein ist und aus Bewusstsein geschaffen wird, warum sollte dieser Geist nicht in der Lage sein, das feinstoffliche elektromagnetische Feld mit Schwingungen zu durchfluten, die wir unter den Begriffen Feen, Elfen und Engel kennen.

Kinder haben die perfekte Gabe, positive Vorstellungen von helfenden Wesen zu entwickeln. Diese »helfenden Wesen«, mögen Sie Superman, Wonder Woman, Pixie-Elfe oder Mein Freund Troy heißen, verleihen den Kindern ein kraftvolles Gefühl, beschützt zu sein.

Insofern macht es Sinn, den Kinderglauben an eine helfende Kraft zu unterstützen. Der Glaube versetzt Berge und es tut Kindern gut, in vielleicht unruhigen Zeiten der Ungewissheit, sich an ein kleines Detail, sei es eine kleine Figur, ein Stein oder sonstiges Gebilde klammern zu können, dass sie wie eine Art Medium an den Glauben erinnert. Vielleicht hilft Ihnen eine Geschichte aus meinem Leben, um zu verstehen, wie stark die von Dr. Warnke benannte Interwelt durch Ihre Gedankengebilde bewegt wird:

Im Alter zwischen vier und sechs Jahren glaubte ich, wenn ich abends im dunklen Zimmer einschlafen sollte, eine Hexe würde durch das Zimmer schweben. Viel schlimmer war aber noch meine Vorstellung, die Hexe würde mir das Bein abschneiden, sobald ich es unter der Bettdecke hervorgucken ließe. Also achtete ich sehr penibel darauf, Arme und Beine unter der Bettdecke zu verstecken. Selbst meinen Kopf bedeckte ich so weit wie möglich. Meine Angst vor der Hexe war riesengroß, und am liebsten hätte ich das Licht angemacht. Als ich meiner Mutter davon berichtete, sagte sie mir, dass es keine Hexen geben würde, und ich solle solche Gedanken abstellen. Trotzdem kam diese Hexe jeden Abend und flößte mir große Angst ein. Ich fühlte mich allein. Angestrengt überlegte ich, was ich tun könne, um die Hexe zu verscheuchen. Da fiel mir ein, dass meine Großmutter mir von Engeln berichtet hatte und ich begann glauben zu wollen, dass ein goldener, strahlender Engel das Zimmer erhellte und die Hexe verjagte. Es brauchte einige Tage, bis ich an diesen Engel glauben konnte doch irgendwann gelang es und ich erlebte nur noch, dass der Engel mich beschützte.

Wir Erwachsenen haben uns eine logisch erscheinende Wahrnehmung unserer physischen Realität geschaffen und den Kindern beigebracht, geistige Kräfte zu verlachen. Superman, Bezaubernde Jeannie oder der Flaschengeist sind nichts anderes als Gravitationsanomalien, die Kindern helfen, an bestimmte Kräfte zu glauben. Jedes religiöse Ritual verheißt nichts anderes. Es ist also nur natürlich, *Glaubensmedien* zu nutzen. Die Werbung bietet Ihnen Tag täglich solche Glaubensmedien an. Entweder ist es der Schlankheitstee, die Tablette, die Creme oder die Akkupunktur, die Ihnen den perfekten Körper verspricht.

Dem entgegen stehen Naturwissenschaftler oder Ärzte, wie Dr. Joe Dispenza oder Dr. Rüdiger Dahlke, die erklären, wie der *Geist den* Körper beeinflusst. An welche aller Medien glauben Sie? Nachdem ich um das elektromagnetische Feld aller Möglichkeiten wusste und mir klar war, dass wir in Liebe aufgehoben sind, habe ich mir ebenfalls Glaubensmedien geschaffen. Und was soll ich Ihnen sagen? Sie funktionieren. Wenn mir mit dem Auto eine lange Tour bevorsteht, stelle ich mir geistig vor, dass mein Auto und ich von einem hellen weißen Schutzfeld umgeben sind und ganz sicher heil, pünktlich und mit freier Fahrt ans Ziel gelangen. Seitdem klappt das wie gewünscht. Möchte ich mich in eine bestimmte, harmonische Stimmung versetzen, um nach einem Arbeitstag abzuschalten, stelle ich mir aus dem Film »Die Rosenkönigin« mit Maximilian Schell (1930–2014) und Mirjam Weichselbraun folgenden zitierten Spruch bildlich vor:

»Ein guter Duft ist leicht zu erkennen. Wenn man nur lang genug daran riecht, geht der Geist in den Garten und berührt die Pflanze.«

Ist das keine Magie? Wieviel Wahrheit in dem Satz steckt, wird jedem bewusst, der die Faszination der Bewusstseinsstille im Einklang seiner Sinne einmal erlebt hat. Ein »Realist« wird hier vielleicht einwenden, dass Parfüm nur eine bestimmte chemische Zusammenstellung durch ätherische Öle sei. Meines Erachtens ist das ein trauriges Unterfangen einer Wahrnehmung. (Der Mensch ist auch nur eine Chemiefabrik und es gibt ihn trotzdem) Versuchen Sie doch einmal zu erleben, wie der Geist in den Garten geht, um die Pflanze zu berühren. Spüren Sie jetzt die Mystik, die Magie, die uns umgibt? Wer anders als der Geist kann es denn sein, der nach der Sinneswahrnehmung in den Garten geht? Eine solche Erfahrung können Gedanken gar nicht leisten. Sie können beschreiben, visualisieren und erschaffen. Aber der Geist erlebt es und will es erleben. Rhonda Byrne, die Drehbuchautorin und Produzentin des Films »The Secret«, zitiert in ihrem Buch »Magic« den Schriftsteller und keltischen Folk-Musiker Chares Lint:

»Darauf kommt`s bei der Magie an. Du musst wissen, dass sie noch da ist, überall um uns herum, sonst bleibt sie für dich unsichtbar.«

Lassen Sie die Magie aus Kindertagen wieder in Ihr Leben und glauben Sie, dass Ihnen Liebe, Reichtum, Glück, Wohlergehen und Glückseligkeit zusteht. Überzeugen Sie Ihren Verstand, dass Magie Sie umgibt und bestrebt ist, Ihnen das Paradies zu öffnen. Betrachten Sie die vielen Lebensgeschichten, in den aus Tellerwäschern Millionäre wurden: Joanne K. Rowling (Harry Potter), Walt Disney (Micky Mouse), Daymond John (FUBU-Shirt), Theo und Karl Albrecht (Aldi), Adolf und Rudolf Dassler (Adidas und Puma), Käthe Kruse (Käthe Kruse Puppen), Magarete Steiff (Spielzeug). Ihnen allen ist eines gemeinsam: Sie haben ihre Magie der Liebe für etwas Besonderes entdeckt. Finden Sie Ihre Liebe für das, was in Ihnen brennen möchte. Dafür sind Sie hier.

Malen Sie sich in Gedanken Ihre Wünsche und Träume regelrecht aus und erleben Sie sie als Ihr wahres Leben. Lassen Sie sich in Ihren Traum tief in Ihr neues, wundervolles Leben fallen und erschaffen Sie Ihre Gravitationsanomalie. Beginnen Sie dann, jede Stunde Ihres neuen (Traum-)Lebens als Realität zu erleben. Tun Sie so, als sei alles schon vorhanden, was Sie sich erträumen. Und seien Sie dankbar für jede Stunde und Sekunde voller Glückseligkeit.

Sie glauben gar nicht, wie schnell sich Ihr physisches Leben Ihrem Traum anpassen wird. Der amerikanische Schriftsteller John Perkins sagte einmal:

»Die Welt ist so, wie wir sie erträumen.«

»Ab dem Tag, an dem die Wissenschaft anfängt, nicht physische Phänomene zu untersuchen, wird sie in einem Jahrzehnt mehr Fortschritte erzielen als in allen vorangegangenen Jahrhunderten.« (Nikola Tesla, Erfinder, Elektroingenieur und Physiker, 1856-1943)

Essenz:

1. Glücksgefühle bereichern das Leben.

2. Dankbarkeit basiert auf Liebe und erfüllt Wünsche.

3. Mit dem Universum in Einklang zu sein, bedeutet: »Alle für einen und einer für Alle«.

4. Geistige Wesen, die in unserem Denken entstehen, entwickeln eigene geistige Kräfte.

5. Gefühlvolle Phantasien sind sehr mächtig

6. Magie ist kein Zauber, sondern transzendentale Kraft.

7. Spätestens der Tod konfrontiert uns mit der Magie des Lebens.

Wissen Sie um die universell-göttlich-liebevolle Instanz, die im Eigeninteresse bestrebt ist, Ihnen alles zu geben was Sie zum glücklich sein benötigen.

Vertrauen Sie auf Ihr geistiges Wesen, dass Ihr physisches Dasein lenkt. Sie sind ein Teil des Ganzen.

Glauben, suchen und entdecken Sie die positive Magie in Ihrem Leben mit oder ohne Glaubensmedium.

Überzeugen Sie sich, dass Ihnen alle Wünsche, die Sie liebevoll mit der universellen Kraft verbindet zustehen.

Entscheiden Sie sich für ein klares Ziel. Entwickeln Sie eine Lebensvorstellung, die Sie glücklich macht und träumen Sie sich in diese Welt.

Nutzen Sie das derzeitige Außen nur zur distanzierten Betrachtung, um zu erfahren, was Sie möchten und was nicht.

Fühlen und spüren Sie Ihr neues Leben (Wunsch) voller Freude und Dankbarkeit als bereits realisiert.

Tun Sie tief im Herzen so, als lebten Sie voll Liebe Ihr Traumleben. Diese geistige Vorstellungskraft ist die größte und intensivste Arbeit.

Zweifelsfrei zu bleiben, dass sich alles realisiert hat, ist die nächste große Arbeit, die Sie erstreben sollten.

Leben Sie Ihr derzeitiges Leben, ohne sich auf die negativen Details zu konzentrieren. Beamen Sie sich *urteilsfrei* und *zweckungebunden* in das Supergefühl Ihres Lebens und es wird Realität.

Stehen Sie jeden Morgen mit dem *GLÜCKS-Gefühl* auf:

»Hallo Universum, hier bin ich. *Danke* für die wundervolle, erholsame Nacht. Was werden wir heute tolles erleben?«

Viel Spaß im Leben!

Meggi Erwig

»Man darf nicht aus den Augen verlieren, dass man zur Gegenwart unterwegs ist und jede Praxis nur so viel taugt, wie sie das Hier und Jetzt erschließt. Der Weg und das Ziel sind dort, wo wir uns befinden.«

(Jack Kornfield (1945)

Nachwort

in großer Dankbarkeit zu Dr. Werner T.

Zu Beginn dieses Buches habe ich versprochen, religionsneutral zu bleiben und ich hoffe, dass es mir gelungen ist. An dieser Stelle, zum Abschluss bitte ich den verehrten Leser, religiöse Partei ergreifen zu dürfen.

Ich bin in der katholischen Kirche aufgewachsen und die Geschichten um das Leben Jesu waren für mich ebenso von Bedeutung, wie die Menschen, die ich in dieser Gemeinschaft kennenlernen durfte.

Wie viele andere Menschen, habe auch ich mich mit der Marter katholischer Inquisition oder heutiger Missbrauchsvorwürfe auseinandergesetzt. Marter, Missbrauch und Kampf gibt es in <u>jedem</u> Bereich menschlichen Daseins, in jeder Religion, jeder Wirtschaft, sowie jeder Politik.

Meine Kirchenorganisation hat sich vielen Vorwürfen gestellt und dem zolle ich meinen Respekt, denn es ist nicht leicht, weder für den einzelnen Menschen, noch für eine Gemeinschaft sich *»Fehlern«* (einzelner Zugehöriger) zu stellen.

Während meiner Auseinandersetzung mit meinem eigenen Glauben, sowie meiner Religion vernahm ich von einigen Menschen unreflektierte Hinweise, dass das Christentum, welches bekanntlich nicht nur an die katholische Kirche gebunden ist, nie in den »Himmel« gelangen würde. Das menschliche Ego präsentiert sich nicht selten verletzend, undifferenziert und gedankenlos, ohne Johannes 8.7 zu verstehen: »Wer unter Euch ohne Sünde ist, der werfe den ersten Stein.«

Grundsätzlich vermögen die Religionen, die sich ihrer Bedeutung »gewissenhafte Berücksichtigung« verpflichtet haben, Menschen zu verbinden. Wie durch die Umarmung Jerusalems bewiesen, rücken die Religionen in ihrem Glauben an den göttlichen Schöpfer zusammen.

Und so sind es einzelne Menschen innerhalb dieser Religionen, wie Mutter Theresa, Dalai Lama XIV., Mahatma Gandhi und viele andere, die vorbildlich mit einem wachen Geist, liebevollen SEIN und Handeln den Weg zur göttlichen Liebe weisen.

In der Überzeugung, dass es im Leben eines jeden Menschen möglich sein oder werden sollte, sich an liebevollen, geistig starken Vorbildern zu orientieren, bin ich dankbar, in Dr. Werner T. ein besonderes, mein persönliches Vorbild gefunden zu haben.

Seine geistige Kraft, sein unbeirrbarer Glaube, sowie sein tiefes Verständnis für die Sorgen und Probleme hilfesuchender Menschen münden nicht nur in tatkräftigen Hilfeaktionen, sondern vor allem in beeindruckenden, wegweisenden und liebevoll-humorvollen Begegnungen.

In diesem Sinne wünsche ich jedem Menschen ein Vorbild, dem es gelingt, die Lehre Jesus von Nazareth, vom liebevollen Reich Gottes, der universellen, geistigen Kraft weiter zu geben.

Wie bedeutend ist Jesus von Nazareth, dass sein Leben die Zeitrechnung bestimmt. Ist es nicht erstaunlich, wie sehr sich Jesus Lehren mit den Aussagen heutiger Erkenntnisse gleicht:

Mk 11:24 »*Darum sage ich euch: Alles, was ihr im Gebet verlangt, glaubet, daß ihr es empfangen habt, so wird es euch zuteil werden!*«

»Sehen Sie so, als ob Sie gesehen hätten; hören Sie so, als ob Sie gehört hätten; Strecken Sie Ihre imaginäre Hand so aus, als ob Sie berührt hätte, und Ihre Annahme wird sich als Tatsache erhärten«

Neville Lancelot Godard (1905 – 1972)

»Es sind die Begegnungen mit Menschen, die das Leben lebenswert machen.«

(Guy de Maupassant/Schriftsteller)

»Ein Wunder geht niemals verloren. Es mag viele Menschen berühren, denen du nicht einmal begegnet bist, und ungeahnte Veränderungen erzeugen in Situationen, deren du nicht einmal gewahr bist.«

(Ein Kurs in Wundern)

Literatur

Jörg Starkmuth: Die Entstehung der Realität, ISBN 978-3-00-014593-3

Ulrich Warnke: Quantenphilosophie und Interwelt, ISBN 878-3-943416-04-6

Klaus Volkamer: Die feinstoffliche Erweiterung unseres Weltbildes, ISBN 9783899981223

Ron Smothermon: Transformation, ISBN 978-3-933496-10-2

Joe Dispenza: Evolve Your Brain, DVD (Deutsch)

Joe Dispenza: Du bist das Placebo, ISBN 978-3-86728-263-5

Eben Alexander/Atolemy Tomkins: Vermessung der Ewigkeit, ISBN 978-3-453-70329-2

Illobrand von Ludwiger: Unsere 6 Dimensionale Welt, ISBN 978-3-8312-0390-1

Werner Eberling; Rainer Feistel: Chaos und Kosmos: Prinzipien der Evolution, ISBN 103860253107

Rüdiger Dahlke/Thorwald Detlefsen: Krankheit als Weg, ISBN 978-3-8094-2377-5

Wallace Wattles: Die neue Wissenschaft des Reich-Werdens, ISBN 978-3-902114-71-6

Richard David Precht: Wer bin ich und wenn ja, wie viele, ISBN 978-3-442-15528-6

Bryn Katie: Lieben was ist, ISBN 978-3-442-33650-0

K. Engelbert: Mit 40 ist Schluß, ISBN 978-3-8482-5693-8

Harald Wessbecher: Das dritte Auge öffnen, ISBN 978-3-7787-9171-4

Jack Kornfield: Frag den Buddha, ISBN 978-3-466-34662-2

Anthony Borgia: Das Leben in der unsichtbaren Welt, ISBN 3-923781-03-2

Raymond A Moody: Leben nach dem Tod, ISBN 3-499-61349-2

James Praagh: Jenseits-Botschaften, ISBN 3-442-21569-2

Sylvia Browne: Jenseits-Leben, ISBN 3-442-21603-6

Haemin Sunim: Die schönen Dinge siehst Du nur, wenn Du langsam gehst, ISBN 978-3-95803-134-0

Thorwald Dethlefsen: Schicksal als Chance, ISBN 978-3-442-11723-9

Charles F. Haanel: The Master Key, ISBN 978-3-940185-10-5

Ceepak Chopra: Leben nach dem Tod, ISBN 978-3-548-74494-0

Arthur Schoppenhauer: Die Kunst, Recht zu behalten, ISBN 978-3-86820-027-0

Josef Zehntbauer: Körpereigene Drogen, ISDN 3-7608-1935-4

Wlfried Hacheney: Feuer, ISBN 3-89539-805-5

Rhonda Byrne: The Secret, ISBN 978-3-442-33790-3

Bärbel Mohr: Bestellungen beim Universum, ISBN 3-930243-13-Y

Pirre Franckh: Einfach erfolgreich sein, ISBN 978-3-442-33890-0

Pam Grout: E²x, ISBN 978-3-7934-2283-9